HERBERT VINKEN

# Basilikum

*der Geschmack des Südens*

HERBERT VINKEN

# Basilikum

## der Geschmack des Südens

Das Buch für Garten und Küche

blv

# Inhalt

## Die weite Welt des Basilikums



## Die beliebtesten Arten und Sorten

## Anbau und Ernte von Basilikum



## Basilikum-Rezepte – für jeden etwas



## Anhang

# Die weite Welt des Basilikums

Wie beginnt Ihre Basilikumgeschichte? Wo haben Sie das erste Mal Basilikum gesehen, gerochen und gegessen? Haben Sie es wieder in der Nase? Das ist gut. Wir möchten Sie mitnehmen auf eine Reise in die wundersame Welt dieser faszinierenden Pflanze. Wir werden Station machen in Indien und Thailand, in Genua und Neuguinea, in meiner Gärtnerei und nicht zuletzt bei Ihnen zu Hause.

# Eine grüne Geschichte

»Where is my basil?« Mit dieser Frage einer Kundin beginnt meine ganz persönliche Basilikumgeschichte in einem Mai vor über 20 Jahren. Ich arbeitete damals als Praktikant in einer Kräutergärtnerei in Wales. Als Not am Mann war, wurde mir, der »Hilfskraft«, der kleine Betrieb anvertraut, »bis ein neuer, richtiger Gärtner des steilen Weges käme«.

Die telefonische Anfrage warf mich völlig aus der Bahn. Ich hatte keine Ahnung, was »basil« war oder wie es aussah. Sie gab mir eine Stunde Zeit, die Sache zu klären und die 100 bestellten Basilikumtöpfe auf den Weg zu bringen. Aus der Stunde wurden Wochen: Ich kämpfte mich zunächst durch die vorhandene Fachliteratur - Mrs Grieve's Modern Herbal von 1922 - und durchstöberte die Saatgutvorräte. Schließlich fand ich Ocimum basilicum 'Sweet Basil'. Ich säte aus und war überrascht, wie schnell die Saat keimte. Es war ein warmes Frühjahr, und das 6-qm-»greenhouse« entwickelte erstaunliche Temperaturen. Ich pikierte und topfte die Sämlinge und brachte sie nach rund zwei Monaten, als sie stabil genug für den 80-Meilen-Transport an die Küste waren, endlich auf den Weg ins Gartencenter der Kundin. Und ich lernte schnell, dass frisches Basilikum den ganzen Sommer lang Saison hat. So blieb es nicht bei der einen Bestellung - im nächsten Mai gab es bereits vier Sorten im Angebot.

Insgesamt 34 Sorten Basilikum erwarten Sie in diesem Buch. Es handelt von köstlichen Blüten und unerwarteten Aromen, von Fruchtaufstrich- und Tarte-Rezepten. Wenn bisher nur normales 'Genoveser'-Basilikum auf Ihrem Küchentisch lag, bieten Ihnen die folgenden Seiten die Möglichkeit, neue Kapitel aufzuschlagen - in Ihrer eigenen Basilikumgeschichte.

»Deine Nahrung sei Deine erste Medizin…«. Kochen und Heilwürzen nach dem hippokratischen Leitsatz war für Hildegard von Bingen eine Selbstverständlichkeit. Auch heutige Gaumen wollen Genuss und Gesundheit geschickt verbinden.

# Basilikum im Zeitenwandel

Nicht jeder Text ist wertvoll oder wichtig, nur weil er alt ist oder veröffentlicht wurde. Wie auch nicht jede alte Obst- oder Tomatensorte per se eine gute ist. Aber stellt man sich die Mühen vor, die eine Niederschrift vor der Erfindung des Buchdrucks bedeutete, ahnt man, dass vielfach die Essenz des damaligen Wissens in die Tontafeln der Ägypter und in die reich verzierten Bände mittelalterlicher Klöster einging.

Was ursprünglich nur mündlich überliefert wurde, verdichtete sich zu Texten wie dem *hortulus*, einem gärtnerischen Lehrgedicht des Reichenauer Abtes Walahfried Strabo aus dem Jahr 827. Basilikum findet sich aber noch nicht unter den rund 20 beschriebenen Kräutern und Gemüsen. Auch im berühmten capitulare de villis fehlt es unter den über 70 empfohlenen, genauer: befohlenen Pflanzen, die auf allen Landgütern Karls des Großen anzusiedeln waren.

Gut 300 Jahre danach aber wird Basilikum in der *physica* der Universalgelehrten Hildegard von Bingen erwähnt: Das in ihren Worten »kalte Kraut« soll unter anderem gegen hohes Fieber helfen, wenn es in Wein gekocht und regelmäßig mit Honig getrunken wird. Mit diesem Prinzip »Kälte gegen Hitze« findet Basilikum bis heute Anwendung in der ayurvedischen Medizin.

Weitere hundert Jahre später betätigt sich Albertus Magnus als einer der ersten Gartenplaner und empfiehlt, neben den nützlichen Gartenbereichen auch solche zur Kontemplation und zum Gebet anzulegen. Hier wird vielen Kräutern erstmals auch eine Rolle als zierende Seelenspeise zugestanden, darunter natürlich auch dem Basilikum.

Eine arabische Darstellung von Basilikum (um 1250).

## Bestes Kräuter-Klima

Kochbücher und Kochshows boomen, Ernährung ist ein Trendthema. Und der erfolgreiche Bioanbau macht aus Nahrungsmitteln endlich wieder Lebensmittel. Auch Kräuter haben Konjunktur, schließlich liefern sie wichtige Vitamine und geben vielen Speisen Pfiff. Das »Klima« könnte besser nicht sein für den Start in den eigenen Anbau.

Basilikum hat sich längst einen festen Platz in deutschen und internationalen Gerichten gesichert. Eine frisch gebackene Pizza mit einer Hand voll des frisch gepflückten »Pfefferkrauts« schmeckt nach Italien. Während es aber 'Genoveser' an fast jeder Ecke gibt, ist es schon schwieriger, Thai- oder Zitronen-Basilikum aufzutreiben. Sie stehen häufiger in Rezepten als in Ladenregalen. Wie schön wäre jetzt eine eine eigene Ernte. Frisch und ohne den leichten Kerosingeschmack ultraweiter Flugtransporte aus Fernost.

Ich hoffe, Sie bekommen beim Weiterlesen Appetit auf das Ansäen und Ausprobieren. Die Zutaten für Ihren grünen Daumen liefert dieses Buch.

### TIPP

**Gold wert**

In früheren Zeiten ließen sich Gewürzfahrer die begehrte Fracht ihrer gefährlichen Reisen von den Küchenchefs der Königshöfe mit Gold aufwiegen. Heute gibt es auch bei uns alles, was die türkische, italienische, arabische oder indische Küche unverwechselbar macht. Wenn Sie im Urlaub sind, schlendern Sie einmal über die einheimischen Märkte und lassen Sie sich von fremden Gewürzen in andere Welten entführen.

Basilikum steht für Italien. Mit Tomaten und Olivenöl ist es eine herrliche Ergänzung zu Pasta aller Art. Schon im Nachbarland Frankreich wird aus Pesto »Pistou«. Aber um wie viel fremder und aufregender ist ein Blick nach Asien: auf Basilikum in Woks und Garküchen, in Teekesseln und – in Tempeln!

# Die Welt des Basilikums

Es scheint so einfach: Auf Kreta oder in Ligurien stehen die üppigen Basilikum-Büsche in alten Olivenöl-Kanistern. Kein Gärtner weit und breit ... und es wächst und gedeiht. Basilikum ist in der Tat pflegeleicht, wenn die Sonne einen langen Sommer lang scheint und Regen und Wind Pause haben. Dann wächst es ganz von alleine.

Während Basilikum rings ums Mittelmeer vermutlich aus Nordafrika und Kleinasien stammt und von den Griechen an die Römer weitergegeben wurde, ist es auf dem indischen Subkontinent seit Jahrtausenden nicht nur Tee- und Küchenkraut, sondern Kult. Kult im angestammten Sinne des Wortes: In den ländlichen Regionen Indiens spielt das sogenannte »Heilige Basilikum«, auch Tulsi genannt, eine große Rolle als Ritualpflanze in der Tradition des Hinduismus. Oft wächst eine Pflanze im Hof des Hauses, in unmittelbarer Nähe des Lebensmittelpunktes.

Auch in der Medizin des Ayurveda wird Tulsi hoch gepriesen: *Ocimum sanctum* senkt den Blutzuckerspiegel, wirkt entspannend und krampflösend, fiebersenkend, entzündungshemmend und vor allem ausgleichend auf die Körperenergien.

Anhänger Vishnus besitzen sogenannte »malas«, also rosenkranzähnliche Gebetsketten mit kleinen Kugeln, die aus dem Holz von Tulsi-Pflanzen (Heiliges Basilikum) gearbeitet sind.

## Trendpflanze Basilikum

Bei uns ist Basilikum weniger »Kult«, sondern eher »Mode«, seit italienische Gastarbeiter in den 1960er-Jahren nicht nur ihre Arbeitskraft, sondern auch ihre mediterranen Rezepte mit nach Deutschland brachten und die Deutschen Italien zu ihrem liebsten Reiseland erkoren.

Es reizt die Gärtner seit jeher, unerquickliche klimatische Bedingungen wett und vergessen zu machen. So gedeihen Orchideen und Oleander, Orangen und eben auch Basilikum inzwischen in Gewächshäusern in ganz Europa, der Kulturtechnik sei Dank. Nichts gegen

Technik. Aber bleibt die Kultur nicht auf der Strecke, wenn man die Aussaat dem Roboter, die Düngung dem Computer und die Lüftung einzig der Elektronik überantwortet? Vielerorts werden inzwischen hochmodern unter Glas Millionen Töpfe von Petersilie, Schnittlauch und Basilikum an 365 Tagen im Jahr kultiviert.

Auch Biokräuter gibt es aus wenigen Quellen bundesweit inzwischen in (fast) jedem Supermarkt. Ob und wie konsequent das mit einem Verständnis von Garten-Kultur einhergeht, mag jeder Kunde für sich entscheiden. Mehr »Bio« als im eigenen Garten angebaut gibt es auf jeden Fall nicht.

Das indische Tulsi-Basilikum ist laut Legende eine Verkörperung der Göttin Tulasi. In Indien heiß begehrt, wird sie in der Medizin des Ayurveda verwendet, ist aber auch als Tee bekömmlich.

# Botanik für den Hausgebrauch

Die Gattung *Ocimum* umfasst rund 60 bekannte Wildarten, von denen aber nur weniger als ein Dutzend im Laufe der letzten 3000 Jahre in Kultur genommen wurden: für Gebetsrituale, als Grabbeigabe, für Heilzwecke, zum Würzen und um zum Zwecke der Lebensmittelfärberei. Durch langen und intensiven Anbau kam es zu vielen Kreuzungen der Arten und Sorten - was bei Lippenblütern auch in der freien Natur keine Seltenheit ist. So entstand eine überbordende Fülle ähnlicher und schwer bestimmbarer Regional-Typen. Selbst renommierte Botanische Gärten tun sich schwer, diese Vielfalt zu ordnen. Botanisch korrekt muss es für den Hausgebrauch vielleicht nicht sein, doch eines ist auch für Sie sicher interessant: Es gibt keine giftigen Basilikum-Arten.

Bis spät in den Herbst liefert blühendes Basilikum wertvolle Nahrung für Hummeln, Bienen und anderes Insektenvolk. Samen reift allerdings nur sicher von Blüten, die bis August bestäubt wurden.

Sie können also alle genießen, wobei die intensivsten Nelkendüfte vielleicht eher einen Badeaufguss bei Erkältung ergeben als ein Pesto bei Pasta-Hunger. Schwangere sollten Basilikum nicht übermäßig zu sich nehmen. Insbesondere ätherisches Basilikum-Öl kann stark entkrampfend wirken und somit Wehen frühzeitig auslösen. Bei schweren Geburten findet es therapeutisch tatsächlich Verwendung.

## Frostharte gibt's nicht

Basilikum wächst krautig und verholzt an der Basis. Manche Sorten werden mannshoch und erreichen einen beachtlichen Bauchumfang. Küchensorten wachsen in unserem Klima zwischen 30 und 100 cm hoch, solange keine Schere dazwischenkommt.

Die meisten Basilikum-Arten sind kurzlebige Stauden, viele werden aber »nur« einjährig gezogen, da die Überwinterung mit Wärme und viel Licht nicht ganz unaufwändig ist. Kunden greifen sehr gerne zu »ausdauerndem Basilikum« - in der Hoffnung, nun endlich ein winterhartes Kraut entdeckt zu haben. Aber es gibt keine frostharten

Sorten! »Ausdauernd« besagt nur, dass die Pflanze nicht einjährig ist. Der Begriff sagt leider nichts über die Umstände aus, unter denen sie ausdauern. Wie man sie dennoch gut über den Winter bringt, das verraten wir Ihnen auf Seite 73.

Samenanlagen – renditestarke Wertanlagen im *Ocimum*-Fonds.

Das Saatgut liegt im Boden der Blüten verborgen.

## TIPP

**Lebenskreislauf**

Einjährige keimen, wachsen, blühen, fruchten und sterben in einer Saison (wie Ringelblume, Borretsch). Zweijährige bilden im ersten Jahr Blattmasse und Speicherwurzel, um im zweiten Jahr einen kräftigen Blütenstand stützen und ernähren zu können (wie Stockrose, Muskatellersalbei). Mehrjährige (»Ausdauernde«) wachsen, blühen und fruchten über mehrere Jahre. Man unterscheidet kurzlebige (wie Agastache) von langlebigen (wie Pfingstrose) und nennt beide »Stauden«. Ob eine Staude winterfest ist, kann nur auf die Region bezogen beantwortet werden.

Das erste Blattpaar heißt Keimblatt, das zweite »erstes echtes Laubblatt«.

Ohne Blüte keine Saat – bei der Ernte also einige Triebe ausreifen lassen.

# Die beliebtesten Arten und Sorten

Verwirrende Vielfalt? Rund 60 Wildarten der Gattung *Ocimum* haben Botaniker bisher bestimmt - und sind auf der Suche nach weiteren. Über 100 Sorten von weniger als zehn dieser Arten werden bei uns in Europa angeboten. Etwa 40 Arten und Sorten werden Ihnen in diesem Buch in Porträts vorgestellt.

# Basilikum - eine Anstiftung

Als Gärtner interessiert mich an einer Pflanze, wie sie in unserem Klima gedeiht, ob sie leicht zu kultivieren und wie sie zu verwenden ist. Als Sammler möchte ich darüber hinaus wissen, was sie so attraktiv macht, dass ich gerade dieser Pflanze meinen knappen Platz und meine kostbare Zeit widmen soll.

Bei der Recherche zu diesem Buch waren große Teile unserer Gärtnerei mit Basilikum belegt: in Saatschalen und in Stecklingsplatten, als Mutterpflanzen und Referenzpflanzen und in Kombination mit allerlei passenden oder unpassenden Begleitpflanzen. Die anderen Gärtner, die Lehrlinge und die Kundschaft, alle mussten probieren, vergleichen, beurteilen und kommentieren, was sie da zu schnuppern und zu kauen, zu essen und zu trinken bekamen. Bewunderung herrschte über die Größe und Blühfreude der Strauchbasilikum-Arten, weniger angenehm empfanden die meisten das leicht pelzige »Zungengefühl« beim Probieren mancher dieser Sorten.

Die folgenden Porträts beruhen nicht nur auf der Essenz und Erfahrung eines Sommers, denn manche Sorten beschnuppere und verspeise ich Jahr für Jahr mit Begeisterung. 'Genoveser' und 'Rubin' kultiviere ich seit - na ja, Sie wissen schon, seit jenem Mai 1985. Welche Sorten in unserem Klima gedeihen, kann ich mittlerweile recht gut beurteilen. Ob sie Ihnen auch schmecken - das finden Sie am besten selbst heraus, indem Sie knappen Platz bei sich zu Hause und kostbare Zeit investieren. Wir sind sicher, es lohnt sich!

Die meisten Gaumen kennen nur 'Großes Grünes'. Manche Nasen haben »Thai-Basilikum« entdeckt, aber wer kennt 'Magical Michael' oder das Ostindische Nelkenbasilikum?

Das klassische grüne Basilikum heißt 'Genoveser', da seine kulinarische Hochburg am Golf von Genua liegt. Einst ein Produkt der »cucina povera«, der Küche der Armen, wandert das fertige »pesto di ligure« heute als Delikatesse in alle Welt und täglich auf ungezählte Pastaportionen.

# Klassiker für Einsteiger

Viele Gärtner und noch mehr Köche haben ein Problem mit Genoveser Basilikum. Genauer gesagt haben sie ein Problem mit den Töpfen aus dem Supermarkt. Das Kraut wächst nach dem ersten Schnitt oft nicht weiter, stattdessen steigt die Enttäuschung beim Kunden. Dazu muss man wissen: Bei den Supermarkt-Töpfchen handelt es sich nicht um eine Topfpflanze, sondern um verwirrend verpackte Bundware. Diese wird bekanntlich frisch und restlos verzehrt, um bei Bedarf wieder neu gekauft zu werden. Oder findet sich auf der Tüte eine Pflegeanleitung? Der Wechsel vom (über-)behüteten Klimagewächshaus in die raue Wirklichkeit ist nämlich hart. Mit Glück und grünem Daumen gelingt er hin und wieder. Seien Sie nicht länger enttäuscht, wenn nicht.

## Hilfe für Supermarkt-Basilikum

Hier ein kleiner Trick kann aber auch dieses Basilikum überleben: Ernten Sie die obere Hälfte und teilen Sie anschließend die viel zu dicht gesäten Pflänzchen auf vier Portionen, die Sie in kleinen Töpfchen an einen hellen warmen Platz stellen. Alles Weitere finden Sie im Kapitel »Anbau und Ernte« (Seite 58 ff.).

Die Sorten auf den folgenden Seiten haben eines gemeinsam: Sie sind unkompliziert, auch wenn Ihr Daumen erst zartgrün ist. Besonders widerstandsfähig sind die neuen, pilztoleranten »Auslese«-Sorten und gepfropfte Veredlungen, die erst seit Kurzem mit dem – vollmundigen – Versprechen angeboten werden, sehr benutzerfreundlich zu wachsen.

'African Blue' – ein Dauerblüher, der sich gut für den Eistieg eignet, da eine robuste Wildart ein Elternteil der Kreuzung ist.

## ‘Nufar’ (Genoveser-Typ)

*Ocimum basilicum* ‘Nufar’ FT

**Typische Merkmale:** Auslese des Genoveser Mittelmeertyps mit nachweislicher Unempfindlichkeit gegen die Welkekrankheit Fusarium **(FT: *Fusarium*-tolerant)**. Äußerlich ein »normales« Basilikum mit mildwürzigem Nelkenaroma.
**Kultur:** Meist einjährig, Aussaaten von April bis Juli, Ernten von Juni bis September.
**Wuchs:** Zügig mit recht großen Blättern, früh verholzend, sehr gesund, erreicht ohne Schnitt 60–80 cm Höhe, 3–4 »große« Ernten je Saison bis September,
**Blatt und Stiel:** Grasgrünes Blatt, deutlich geädert, unbehaart und spitz zulaufend, etwa fingerlang und 2 Finger breit. Stängel hellgrün, kantig mit leichtem Flaum.

‘Nufar’

### TIPP

**Edles Kraut**

Seit 2007 befinden sich unter dem Handelsnamen ‘Baristo’® veredelte Basilikum-Sorten im Handel. Hier werden »Edelsorten« auf robuste Wildformen gepfropft.

**Blüte:** Weiß, mittelspät, mit recht großen und – wie bei allen Sorten – köstlichen Einzelblüten.
**Pflege:** Trotz Pilztoleranz auf lichten Bestand achten.
**Verwendung:** Klassisches, häufig angebotenes Pesto-Basilikum, empfehlenswerte Sorte für Gernegießer.
**Ähnliche Sorten:** ‘Compatto’ FT, ‘Special Select’ FT, ‘Großes Grünes’.

## ‘Yiotis’ (»Herbstbasilikum«)

*Ocimum basilicum* ‘Yiotis’

**Typische Merkmale:** Ebenfalls ein Genoveser-Typ, kompakt, mild-würzig.

'Yiotis'

**Besondere Verwendung:** Sorte aus Neuseeland, dort als schmuckes Küchenkraut kultiviert.
**Meine Empfehlung:** Im Obstsalat zu Kiwi probieren! Passt erstaunlich gut zu allen roten Sommerfrüchtchen.
**Ähnliche Sorten:** 'Magical Michael', Russisches und Zypriotisches Strauchbasilikum, andere 'Genoveser'-Typen.

## TIPP

### Welkekrankheit

Erreger: *Fusarium*-Pilz
Schadbild: Sieht aus wie schlecht gegossen, tatsächlich sind die Leitungsbahnen verstopft. Sporen überdauern auf Saatgut und im Boden.
Maßnahmen: Lebendiger Kompost impft Erde mit »guten« Pilzen als Gegenspieler. Resistente Sorten wählen, in gute Erde pflanzen und auf Dränage achten. Befallene Pflanzen komplett in die Hausmüll-Tonne geben.

**Wuchs und Zuwachs:** Schlank aufrecht, mit 50 cm etwas niedriger.
**Kultur:** Meist einjährig, Aussaaten von Mai bis August, Ernten von Juli bis Oktober (späte Ernte möglich).
**Blatt und Stiel:** Glatte Blätter, satt dunkelgrün, blaurot überlaufene Stängel.
**Blüte:** Weiß mit lila Hauch, spätblühend mit dunklen Knospen.
**Extra-Pflege:** Juli-Saat möglich, denn späte Sätze gehen nicht vorschnell in Blüte – mein Favorit als Herbst-Basilikum.

'Yiotis' setzt bis zum Herbst kaum Blüten an und lässt späte Blatternten zu.

## ‘African Blue’

*O. basilicum × kilimandscharicum*

**Typische Merkmale:** Stattliche Erscheinung, starkwüchsig, setzt keinen Samen an, nur stecklingsvermehrbar, durch Einkreuzung der Wildart recht robust, wenn auch nicht gänzlich fusariumfrei (der Infektionsweg des Schimmelpilzes über das Saatgut entfällt).
**Wuchs und Zuwachs:** Ausdauernd bei +10 °C. Bis 100 cm im 1. Jahr, nach Überwinterung bei gute Düngung weitere 50 cm.
**Kultur:** Stecklinge im Austrieb von nicht blühenden Trieben von Mai bis August, Ernte laufend.
**Blatt und Stiel:** Oberseite blaugrün, Blattadern blaurot, relativ kleine Blätter, daumenlang und -breit, pelzig behaart, matt schimmernd. Stabiler Stängel, verholzt früh.
**Blüte:** Knospen roséfarben, große lilarosa Lippen, dichte Quirle an langen Stielen.
**Pflege:** Laub trocken halten. Von unten gießen, von oben ernten. Regelmäßig um 1/3 stutzen.

‘African Blue’

**Besondere Verwendung:** Hoher Zierwert.
**Aroma:** Kampfernote, Zungengefühl: Pelzig. Für mich eher kurz erwärmt zu Eintopf und Suppe als frisch zum Salat. Gute Massenernte für Misch-Pesto. Wärmender Tee!
**Ähnliche Sorten:** 'Magic® Blue' (stärker durchgefärbte Auslese), 'Wildes Purpur'.

## 'Wildes Purpur'

*Ocimum canum × basilicum*

**Typische Merkmale:** Soll Freilandwetter trotzen, schnell abtrocknendes Laub und gute Düngung vorausgesetzt.
**Wuchs:** Eher breit als hoch, 60 × 60 × 60 cm im Jahr.
**Kultur:** Stecklinge im Austrieb von nicht blühenden Trieben von Mai bis August, Ernte laufend.
**Blatt und Stiel:** Leicht glänzendes Laub, Stängel nur an der Basis verholzend.
**Blüte:** Einzelblüte relativ klein, aber mit dunklem Laub sehr zierend. Blüht recht früh und kann mehrfach im Jahr blühen. Züchter Rühlemann nennt als Blühbeginn das Erreichen des 6. Blattpaares.
**Pflege:** Bedingt ausdauernd, bei hellen 12–18 °C. Hell, bei Minimum 12 °C von September bis Mai.
**Besondere Verwendung:** Je sonniger der Standort, desto mehr roter Blattfarbstoff (Anthocyan), desto gesünder das Kraut bezüglich seiner antioxidativen Wirkung.
**Ähnliche Sorten:** 'Carmina' mit noch leuchtenderen Blüten.

'Wildes Purpur'

### TIPP

**Hybriden**

Hybriden sind in der Botanik meist Kreuzungen zwischen Arten innerhalb einer Gattung: z. B. *Ocimum canum* mit *Ocimum basilicum*. Sie sind im Namen oft an einem »x« erkennbar. Hybriden sind meist starkwüchsig und blühfreudig, im Gegenzug aber oft steril und deshalb nur ungeschlechtlich (vegetativ), vermehrbar. Von Eintriebigen und verholzenden Kräutern werden Stecklinge genommen, vieltriebige »krautige« (nicht verholzende) Kräuter können auch geteilt werden.

Gärtner mit gutem Geschmack wählen Kräuter nicht allein aufgrund ihres Aromas, sondern auch ihres Aussehens. Das Auge isst bekanntlich mit. Und Vielfalt ist Trumpf - in der Küche wie im Beet.

# Auffälliger Blattschmuck

»Bastard« ist eigentlich ein übles Schimpfwort. Nicht so im gärtnerischen Sprachgebrauch: Hier schauen wir genau hin, ob das Ergebnis einer ungewohnten Kreuzung besonders wüchsig, besonders gesund oder besonders hübsch ist.

Basilikum-Arten und -Sorten sind bekannt dafür, untereinander häufig zu kreuzen. Sie bestäuben sich gegenseitig, und diese Nachkommenschaft ist für das Sortiment oft sehr befruchtend. Große Blüten, starke und bisher nicht da gewesene Farbnuancen, buntes Laub oder Zwergenwuchs - die Palette interessanter Abweichungen ist groß.

Neuheiten müssen aber geprüft und bewertet werden. Mich als Gärtner interessiert z.B., wie gesund eine Pflanze im Biogarten wächst und wie sie auf unser Wetter reagiert. Ein Sommer allein reicht dafür leider meist nicht aus. Die Verlockung, vorschnell neue Pflanzen auf den Markt zu werfen, wächst schneller als wirklich ausgereifte, taugliche Auslesen. Unterziehen Sie Neuheiten also immer Ihrem eigenen Alltagstest - und kalkulieren Sie Flops mit ein.

## Anspruchsvolle Schönheiten

Im folgenden Kapitel geht es um auffällige Blattformen und -farben. Manche Informationen sind im Samen der Pflanze gespeichert und lassen sich Jahr für Jahr durch Aussaat wieder hervorlocken. Die Blattzeichnung beim nebenstehenden ‘Pesto Perpetuo’ ist nicht im Erbgut verankert und bleibt nur erhalten, indem Stecklinge geschnitten und bewurzelt werden.

»Panaschiert« nennt man solche mehrfarbigen Blätter. Leider ist zu beobachten, dass buntlaubige Pflanzen oft etwas anspruchsvoller sind als ihre schlichte, grüne Verwandtschaft. Das ist der Preis für ihre Schönheit.

Wichtig zu wissen ist, dass die grün-weiße oder purpur-grüne Blattfärbung im Basilikum bei viel Sonnenlicht besonders stark ausgeprägt ist; im Halbschatten oder zum Herbst hin wechselt das Blatt gern zu Grün zurück, um bei schwindendem Lichtangebot die Photosynthese möglichst lange aufrechtzuerhalten.

Erst seit wenigen Jahren im Handel ist die besonders attraktive Auslese 'Pesto Perpetuo'. Ihr Porträt finden Sie auf Seite 51.

## 'Ararat'

*Ocimum basilicum*

**Typische Merkmale:** Stark wachsend, gesund, rot-grün panaschiert, Anis-Aroma.
**Wuchs:** Stattlich bis 80 cm hoch wachsen bei 50 cm Ø, schnelle Jugendentwicklung.
**Kultur:** Einjährig, Aussaat(en) April–Juli, Ernte(n) Juni–September.
**Blatt und Stängel:** Purpurrot und grün gescheckt, Unterseite rötlich, deutliches Aroma.
**Blüte:** weiße Unterlippe, Oberlippe rosa.
**Pflege:** Wird einjährig kultiviert, möglichst hell, um Blattzeichnung zu bewahren.
**Besondere Verwendung:** Als Tee zu (Obst-)Salat und zum Naschen für Lakritzliebhaber. Tolle Pflanze, um mit Kindern über das Gärtnern ins Gespräch zu kommen.
**Ähnliche Sorten:** Anis-Basilikum, Thai-Basilikum, 'Réunion'.

'Ararat'

## ‘Green Ruffles’, ‘Grünes Krauses’, ‘Crispum’

*Ocimum basilicum*

**Typische Merkmale:** Große, krause Blätter, kräftige Gestalt.
**Wuchs:** Mittelhoch und breit, etwa 50 × 50 × 50 cm in einer Saison.
**Kultur:** Einjährig, Aussaat(en) April–Juli, Ernte(n) Juni–September.
**Blatt und Stiel:** Grasgrünes Laub, Blattrand stark gewellt.
**Blüte:** Weiß.
**Pflege:** Nur von unten gießen und vor Regen schützen, da Feuchtigkeit unter den großen, welligen Blättern nur schlecht abtrocknet.
**Besondere Verwendung:** Pesto, Köstlicher Schmuck für Salate und Dekorationen.
**Ähnliche Sorten:** ‘Neapolitanisches’, ‘Salatblättriges’, ‘Purple Ruffles’ (purpurblättrige Variante mit besonders vielen Anthocyanen, medizinisch wertvoll als Radikalfänger).

‘Green Ruffles’

## Buschbasilikum

*Ocimum basilicum* var. *minimum*

**Typische Merkmale:** Kugelwuchs und mehr oder weniger kleine Blätter.
**Wuchs:** Formt je nach Herkunft feste oder lockere Köpfe, 30 × 30 × 30 cm.
**Kultur:** Einjährig, Aussaat(en) April–August, Ernte(n) Juni–Oktober.
**Blatt und Stiel:** Grasgrün, glatt, verholzend.
**Blüte:** Weiß, mittelfrüh, wirkt üppig wegen kompakter Blütenstände.
**Extra-Pflege:** Schnitt seltener erforderlich, wenn Pflanze hell steht.
**Besondere Verwendung:** Hat die perfekte Größe zu Cocktailtomaten.
**Sorten:** ‘Türkisches Buschbasilikum’ (klein und süß), ‘Griechisches Buschbasilikum’ (kompakt und kräftig), ‘Rotes Buschbasilikum’ (hübsch), ‘Baristo® Greco’ (veredelt).

'Griechisches Buschbasilikum'

**Extra-Pflege:** Wenig geeignet für halbschattige Orte – oder es braucht häufig Formschnitt, damit die Pflanze nicht kopflastig wird; aus demselben Grund nicht zu stark düngen.
**Besondere Verwendung:** Mildes Aroma für Suppe, Salate, Pesto. Perfekte Größe zu Strauchtomaten.
**Ähnliche Sorten:** 'Französisches Buschbasilikum', 'Mittelgroßblättriges', 'Kubanisches Strauchbasilikum'.

## TIPP

### Milder Geschmack

Beim Darüberstreicheln entweichen aus Buschbasilikum-Sorten besonders viele ätherische Öle, da Sie mit Ihrer Hand viele einzelne Blättchen – und somit eine große Oberfläche – berühren. Dabei duften die kleinen Büsche stark, was dazu führt, dass sie für besonders aromatisch gehalten werden. Tatsächlich aber ist Buschbasilikum im Geschmack eher mild.

## 'Fino Verde'

*Ocimum basilicum* var. *medium*

**Typische Merkmale:** Feines grünes, kleines Blatt, schlanker Wuchs.
**Wuchs:** Bis zu 50 cm hoch, langsam wachsend.
**Kultur:** Einjährig, Aussaat(en) April–Juli, Ernte(n) Juni–September
**Blatt:** Grasgrün, unbehaart.
**Blüte:** weiß und klein, mittelspät.

'Fino Verde'

## TIPP

**Platz da!**

Basilikumpflanzen erreichen sehr unterschiedliche Größen. Bedenken Sie bei der Sortenwahl den zur Verfügung stehenden Sonnenplatz, vor allem, wenn Sie auf Terrasse oder Balkon gärtnern. Reichlich Licht und Wärme sind Grundvoraussetzungen für erfolgreichen Anbau.

## Der Platz an der Sonne

Basilikum entwickelt sich recht schnell zu ansehnlicher Größe. Und da das pfeffrige Königskraut sicher nicht der einzige Gast in Ihrem Garten oder auf Ihrem Balkon ist, lohnt ein Blick auf Abstand und Höhenstaffelung der bereits vorhandenen und noch geplanten Pflanzen. Töpfe sind leicht verrückt, aber einmal ausgepflanzt, sollten Kräuter im Beet nicht unnötig umgesetzt werden. Bedenken Sie also beim Komponieren Ihres Beetes nicht nur die aktuelle Größe der Pflanzen, sondern auch den Zuwachs mit ein. Anfängliche Zwischenräume können mit Blumenzwiebeln ode anderen Frühblühern gefüllt werden. Verfolgen Sie den Lauf der Sonne. Dann fällt es nicht schwer, die kleinen, langsam wachsenden Sorten auf die Südseite und die höheren und schnelleren in den Beethintergrund zu platzieren: So vermeiden Sie unnötigen Schattenwurf.

Buschbasilikum (links) hat nicht nur winzige Blättchen im Vergleich zu 'Genoveser' (rechts), es bleibt in seiner gesamten Statur auch deutlich kleiner als alle übrigen Arten und Sorten.

Ausgefallene Blattfarben und Formen schön und gut. Sie brauchen einfach ganz viel Basilikum und wünschen sich vor allem eine üppige Ernte? Die folgenden Sorten versprechen reiche Erträge für einen Sommer voller Genuss und für eine Speisekammer voller Wintervorrat.

# Reiche Ernten

... brauchen reichlich Futter. Oder gehören Sie zu den Leuten, die vermuten, dass Biogärtner nicht düngen? Diess Vorurteil ist längst widerlegt. Denn was dem Boden von den Pflanzen entnommen wird, muss wieder ersetzt werden. Ein Verzicht auf Dünger geht vielleicht ein Jahr lang gut, bei Rasen oder bei Rucola. Bei Möhren ist das schon schwieriger, bei Tomaten wäre schnell Schluss mit der Ernte. Und von Tomaten ist es nie ein weiter Weg zu Basilikum!

Gerade stark wachsende Kräuter wie Genoveser-Basilikum, Borretsch, Dill und Sauerampfer brauchen regelmäßig Nährstoffe, sonst verlieren sie nicht nur ihre Gesundheit, sondern auch an Geschmack. Sorgen Sie mit Kompost für einen lebendigen Boden! Versorgen Sie das Bodenleben mit Futter, dann ernährt es die Pflanzen gut. Hornspäne wirken als Langzeitdünger, Hornmehl hilft, wenn schnell großer Hunger gestillt werden soll. Wer ein wenig im Internet recherchiert, findet sogar vegetarische Nahrung für seine Gewächse. Es gibt Dünger aus Traubentrester, Maiskeimen, Vinasse und Neem.

Düngen Sie die Pflanzen nach jeder größeren Ernte. Das garantiert einen raschen Neuaustrieb und damit weitere Ernten. Und in Sommersonne gereiftes Basilikum schmeckt im Winter-Pesto einfach umwerfend.

Zum Reinbeißen – Basilikum, wie man es sich wünscht: Hier ein prächtiges Genoveser.

## ‘Genoveser’

*Ocimum basilicum*

**Typische Merkmale:** Bekannteste Basilikum-Sorte.
**Wuchs:** Üppig, zügig, zum großen Busch von 60 × 60 × 60 cm.
**Kultur:** Einjährig, Aussaat(en): April bis Juli, Ernte(n): Juni bis September.
**Blatt:** Glatt, grün, nach oben gewellt, etwa daumenlang und 2 Daumen breit.
**Blüte:** Weiß, recht groß, ab ca. dem 6. Blattpaar.
**Pflege:** Sortentyp mit weltweiter Verbreitung, Samen kann mit Welkekrankheit infiziert sein.
**Besondere Verwendung:** Pesto. ‘Genoveser’ mit Weintrauben.
**Ähnliche Sorten:** Genoveser verliert an Bedeutung durch neuere Sorten: ‘Compatto’ FT, ‘Nufar’ FT, ‘Special Select’ FT, ‘Neapolitano’.

’Compatto’ FT

## ‘Compatto’ FT

*Ocimum basilicum*

**Typische Merkmale:** gesund, auch in dichten Beständen.
**Wuchs:** Gleichmäßig, bis mittelgroße Büsche von 50 × 50 × 50 cm.
**Kultur:** Einjährig, Aussaat(en): April – Juli, Ernte(n): – Oktober.
**Blatt:** Glatt, grün, nach oben gewellt, fast glattrandig.
**Blüte:** Weiß, kurze Ähren.
**Pflege:** Von oben ernten, von unten gießen.
**Besondere Verwendung:** Pesto, Salat.
**Ähnliche Sorten:** ‘Nufar’ FT, ‘Special Select’ FT, ‘Neapolitano’, ‘Französisches Buschbasilikum’.

## ‘Salatblättriges’, ‘Lettuce Leaf’

*Ocimum basilicum*

**Typische Merkmale:** Extrem große Blätter.
**Wuchs:** Stark, breite Büsche.
**Kultur:** Einjährig, Aussaat(en): April bis Juli, Ernte(n): Juni bis September.

'Salatblättriges'

**Blatt:** Stark geädert, sattgrün, bis zu handtellergroß.
**Blüte:** Weiß.
**Pflege:** Für große Kübel oder Freiland. Schutz vor starkem Wind, da hohe Pflanzen leicht umkippen. Ein wenig Wind ist aber durchaus erwünscht, da sich an der Blattunterseite gerne Feuchtigkeit sammelt. Regelmäßig düngen nach regelmäßiger Ernte.
**Besondere Verwendung:** Pesto, Salat.
**Ähnliche Sorten:** 'Krauses Grünes', 'Mammouth'.

## Afrikanisches Baumbasilikum

*Ocimum gratissimum* var. *suave*

**Typische Merkmale:** Früh verholzend, milde Schärfe mit Frucht, Zimt und Nelke.
**Wuchs:** Sparrig, strauchartig, im 1. Jahr bis 80 cm hoch.
**Kultur:** Bedingt mehrjährig.
**Aussaat:** April, Ernte: ab Juli; auch stecklingsvermehrungbar.
**Blatt:** Bissfest, leicht pelzig behaart, stark geadert, hellgrün.
**Blüte:** klein, weißlich und sehr spät an lockeren Rispen.
**Pflege:** Sehr robust und pflegeleicht, bei kalter Überwinterung laubabwerfend: dann wenig gießen, stecklings- und samenvermehrbar.
**Besondere Verwendung:** Tee, Thai-Küche (in Gemüsepfanne oder Wok kurz mitbraten).
**Ähnliche Sorten:** Ostindisches Baumbasilikum (siehe S. 40), Kampfer-Basilikum.

Afrikanisches Baumbasilikum

Basilikum duftet und schmeckt sehr intensiv. Riechen und Schmecken sind bei den meisten von uns untrennbar verknüpft mit vielen Erinnerungen: »Das hab ich mal…«, »Das kenn ich doch…« Unser Gedächtnis baut sich ständig Eselsbrücken, um neue Düfte und Aromen neben bekannten einzuordnen: »Schmeckt nach Zitrone«, »Duftet wie Zimt« oder »Igitt! Anis!« Testen Sie sich durch die Palette durch.

# Duft- und Aromakünstler

Denken Sie bitte nicht, ein Gärtner hätte Basilikum mit Zitronenbäumchen gekreuzt, wenn z.B. Zitronen-Basilikum angeboten wird. Das geht Gott sei Dank (noch) nicht. Solche Namen sollen helfen, in die Welt aus Düften und Aromen Übersicht zu bringen.

Die bis hier beschriebenen Basilikum-Sorten ähneln sich stark im Aroma. Allen liegt eine warme, würzig-pfeffrige Note zugrunde. Gerade dieser bekannte Duft und dieser erprobt gute Geschmack machen das Pfefferkraut so beliebt. Verantwortlich dafür sind ätherische Öle und wechselnde Gehalte anderer geschmackgebender Inhaltsstoffe. Sie können das Aroma in ganz unterschiedliche Richtungen lenken: einmal mehr zu Nelke und Piment, einmal mehr in die Weihnachtsbäckerei zu Anis und Zimt.

Mit Afrikanischen Baumbasilikum (siehe S. 31) betraten erstmals fruchtige Noten die Bühne. Und die Schärfe verschärft sich nun – durch eine Aromakomponente namens Eugenol, das aus Gewürznelken bestens bekannt ist. Allerlei unerwartete Noten prägen Duft und Geschmack der Pflanzen im nun folgenden Kapitel. Wenn Sie beim Lesen Appetit bekommen, säen oder setzen Sie die Pflanzen baldmöglichst in Ihren Garten. Laden Sie im Sommer Besuch ein und verteilen sie an einem warmen Tag kleine »Nasen-Denksportaufgaben«. Sie werden erstaunt sein, über welch unterschiedliche Eselsbrücken Ihre Aromakünstler dann geführt werden.

Zimt-Basilikum ist ein Fest zu frischen Erdbeeren – oder zu ihrer Schlagsahne. Auch als Mexikanisches Gewürzbasilikum im Handel.

## Zitronen-Basilikum

*Ocimum × citriodorum*

**Typische Merkmale:** Zarte Erscheinung mit herrlich frischem Duft.
**Wuchs:** In allen Teilen zierlicher als 'Genoveser'.
**Kultur:** Nur einjährig möglich, Aussaat(en): Mai bis Juli, Ernte(n): Juli bis September.
**Blatt und Stiel:** Je nach Sorte fingernagel- bis daumengroß, wenig behaart, grün.
**Blüte:** Je nach Sorte weiß bis roséfarben, mittelspät bis spät.
**Pflege:** Kälte- und nässeempfindlich, am besten nur im Sommer anbauen. Von guten Sorten Bezugsquelle oder eigenes Saatgut aufbewahren.
**Verwendung:** Zu Süßspeisen, Obstsalaten, Eis und Gebäck.
**Sorten:** *O. × citriodorum* 'Kleinblatt' (besonders süß), *O. × c.* 'Großblatt' ('Mrs. Burn's Lemon'), 'Sweet Dani' (US-Auslese mit viel ätherischen Ölen), *O. × c.* 'Limone' (herber als die süßen Varianten). *Ocimum × americanum* taucht häufig als botanischer Name für Zitronen-Basilikum auf. Damit ist aber wohl eher das mild-fruchtige Wilde Basilikum *Ocimum canum* gemeint.

### TIPP

**Zitronen-Basilikum**

Leider ist keine der Sorten pflegeleicht. 'Mrs. Burn's Lemon' gilt als das robusteste. Wer sich die Mühe macht, wird jedoch mit köstlichem Duft belohnt. Ein Tee aus Zitronen-Basilikum ist eine echte Sommerfreude, auch als Mixgetränk mit Apfelsaft. Alternativ liefert die 'Zitronen-Verbene' *(Aloysia triphylla)* ein ähnliches Aroma.

Zitronen-Basilikum

## Anis-Basilikum

*Ocimum basilicum* 'Anise'

**Typische Merkmale:** Vorweihnachtliches Aroma, Süßholz-Geschmack.
**Wuchs:** Schlank und locker aufrecht wachsend, bis zu 70 cm hoch bei ca. 40 cm Ø.
**Kultur:** Einjährig, Aussaat(en): April bis Juli, Ernte(n): Juni bis September.
**Blatt und Stiel:** Länglich, spitz, dunkelgrün.
**Blüte:** Weiß, gelegentlich rosé, hocharomatisch.

**Pflege:** Blattfäule ist eine ständige Gefahr, gerne windoffen anbauen, aber nicht in dauernder Zugluft.
**Besondere Verwendung:** In asiatischer Wok-Küche nach dem Garen zu Gemüse oder Fisch.
**Ähnliche Sorten:** Ähnelt Thai-Basilikum und wird oft wie dieses verwendet. Ähnliche Sorten sind 'Ararat' (rot gefleckte Auslese, S. 24), Mexikanisches Gewürzbasilikum, 'Horapha'.

Zimt-Basilikum

Anis-Basilikum

## Zimt-Basilikum

*Ocimum basilicum* 'Cinnamom'

**Typische Merkmale:** »Vornehme Erscheinung«, starkes Aroma.
**Wuchs:** Schlank, buschig, mittelhoch.
**Kultur:** Einjährig, Aussaat(en): April bis Juli, Ernte(n): Juni bis September.
**Blatt und Stiel:** Blaugrün überhaucht, Stängel rötlich.
**Blüte:** Weiß mit rosa, Knospe und Hüllblätter dunkel, sehr apart und sehr lecker.
**Pflege:** Regelmäßig entspitzen.
**Besondere Verwendung:** Perfekt zu frischen Erdbeeren, die ja gerne gepfeffert serviert werden. Da kommt ein zimtiges Pfefferkraut gerade recht.
**Ähnliche Sorten:** 'Thai', 'Siam Queen', Mexikanisches Gewürzbasilikum.

# Thai-Basilikum

Die sogenannte »Thai-Küche« ist mindestens so vielfältig wie die »Deutsche Küche«. Thai-Basilikum ist – ähnlich wie »Tulsi« – ein Sammelbegriff. Er vereint Herkünfte, denen ein warmes Aroma mit deutlichen Noten von Zimt und Anis sowie geringeren Anteilen Nelke und Piment gemeinsam ist. Sie sind regional verschieden benannt und werden überdies in Thailand, aber auch in Kambodscha, Laos oder Vietnam unterschiedlich verwendet.

»Dunkles« Tulsi (»bai krapao«) kann ebenso eine Variante von »Thai-Basilikum« sein wie auch Zitroniges-Basilikum (»bai maeng-lak«). Beide kommen sehr häufig und mitunter büschelweise in den Garküchen zum Einsatz. Bei uns in Mitteleuropa am bekanntesten ist eine milde, nach Anis und Zimt duftende Variante, die traditionell »bai horapha« genannt wird. Sie ist zumeist gemeint, wenn in Rezepten von »Thai-Basilikum« die Rede ist.

Ist dies nicht zur Hand, oder noch nicht groß genug für eine Ernte, kann es durchaus von den genannten »Ähnlichen Sorten« ersetzt werden.

## Mildes »Thai-Basilikum«

auch »bai horapha«

*Ocimum basilicum*

**Typische Merkmale:** Sehr populär in Asia-Rezepten.

**Wuchs:** Locker aufrecht, mittelstark, etwa 60 cm hoch bei 40 cm Ø.

**Kultur:** Einjährig. Aussaat(en): Mai bis Juli. Ernte(n): Juli bis Oktober.

**Blatt und Stiel:** Grüne Blätter und rötliche Stängel, unbehaart.

**Blüte:** Rötliche Knospen, die zu rosa oder weißen Lippen aufblühen, mittelspät.

**Pflege:** Achtung, das Reiben der zarten Blätter verursacht leicht Druckstellen.

**Verwendung:** Traditionell in Suppen und Currymischungen, wo Süße und Schärfe sich gerne treffen.

**Ähnliche Sorten:** 'Siam Queen', 'Siam Queenette' (Buschform), 'Oriental Basil'.

## Kräftiges bzw. Dunkles »Thai-Basilikum«

auch »bai krapao«, siehe Krishna-Tulsi (S. 40)

*Ocimum sanctum* var. *tenuiflorum*

## Fruchtiges »Thai-Basilikum«

auch »bai maeng-lak«

siehe Wildes Basilikum (S. 55)

*Ocimum canum*

Eine der bekanntesten Thai-Basilikum-Sorten ist die köstliche 'Siam Queen'.

»Tulsi« ist als Inkarnation Vishnus eine hochverehrte hinduistische Heilfigur und lebendiges Vorbild vieler indischer Frauen. Die »Unvergleichliche« steht für Tugendhaftigkeit, innere Stärke, Liebe und Gesundheit. In der Legende wächst die erste Tulsi-Pflanze aus ihrer Asche. Nach der ayurvedischen Lehre trägt sie seither »pure Sattva-Qualitäten« in die Welt: Licht, Bewusstsein und Freude.

# Tulsi – Elixier des Lebens

Die Superlative häufen sich, je näher man (real oder virtuell) dem indischen Subkontinent kommt: Dieses Basilikum ist weit mehr als »nur« ein Kraut. Tulsi ist Gewürz, Medizin und Heiligtum zugleich, Nahrung für Körper und Seele.

Nun ist Tulsi leider nicht eine bestimmte, botanisch definierte Pflanze. »Tulasi«, wie es auch genannt wird, heißen mindestens drei Basilikum-Arten. Dazu kommen regional bedeutende Unterarten, und vielfältige Dialekt-Namen runden das verwirrende Gesamtbild ab.

## Heiliges Kraut

Unterschiedliche Heil- und Heilswirkungen werden allen zugeschrieben. Erwiesen ist, dass Tulsi fiebersenkend, immunstärkend, harmonisierend und vor allem stressabbauend wirkt. Indische Wissenschaftler arbeiten zudem an einem Krebsmittel aus Tulsi. Ein ganz anderes Beispiel illustriert, wie eng diese Heil(s)pflanzen in den Alltag der Menschen eingebunden waren – und in ländlichen Gegenden bis heute hin sind: es heißt, bei Gericht werden Eide auf ein Tulsiblatt geschworen.

Das folgende Kapitel stellt nur einen Ausschnitt der Tulsi-Vielfalt dar. Ich beschränke mich auf die gängigsten Arten und auf ihre Verwendung als Tee, Gewürz und Duftpflanze. Wer seinen Qualitäten »ganzheitlich« nachspüren möchte, dem sei die Beschäftigung mit den sehr lebendigen Traditionen des Hinduismus empfohlen. Und wagen Sie einen Blick in die umfassende Lebens- und Heilkunst des Ayurveda, des »rechten Weges«.

»White Tulsi« *(Ocimum sanctum)*, das helle, grünstielige, »allerheiligste« 'Rama-Tulsi'.

## TIPP

### Ätherisches Öl

Tulsi *(Ocimum sanctum)* in einer Duftlampe oder als Badezusatz gilt als phantastisches »Antistress-Öl«. Wie viele »Kopfnoten« wirkt es anregend und stärkt die Konzentration, hebt die Stimmung und wirkt harmonisierend auf die Körperenergien.

## 'Rama-Tulsi', 'Shri Tulsi'

*Ocimum sanctum*

**Typische Merkmale:** Das allerheiligste Basilikum, mit Minze-, Ingwer- und Nelkenaroma.
**Wuchs:** 40 bis 60 cm, staudig, im Vergleich zu 'Genoveser' von eher zarter Statur.

**Kultur:** Einjährig, Aussaat(en): April bis Juli, Ernte(n): Juni bis September.
**Blatt und Stiel:** Heller Austrieb (»White Tulsi«), hellgrünes Laub, helle Stängel.
**Blüte:** Zart und rosa, erscheint etwa ab August.
**Pflege:** Klein, aber robust. Viel Sonne, Staunässe vermeiden.

'Krishna-Tulsi'

**Besondere Verwendung:** Sehr vielfältig in ayurvedischer Medizin, guter Haustee.
**Ähnliche Sorten:** *Ocimum sanctum* var. *tenuiflorum*, *Ocimum canum*.

## 'Krishna-Tulsi'

*Ocimum sanctum* var. *tenuiflorum*

**Typische Merkmale:** Dunkle Blatt- und Blütenknospen ('Black Tulsi').
**Wuchs:** 40 bis 60 cm, staudig, wenig verholzend.
**Kultur:** Einjährig, Aussaat(en): April bis Juli, Ernte(n): Juni bis September.
**Blatt:** Laub am Rand rot überlaufen, unbehaart, dunkelstielig.
**Blüte:** Zartrosa Blüten.
**Pflege:** Vor erneutem Gießen erst abtrocknen lassen.
**Besondere Verwendung:** Tee und Badeaufguss. Bei Gericht schwört man einen Eid auf Tulsi!
**Ähnliche Sorten:** *Ocimum sanctum, Ocimum canum*.

## 'Vana-Tulsi' (Ostindisches Baumbasilikum)

*Ocimum gratissimum*

**Typische Merkmale:** Kleiner Strauch mit eher breitem Wuchs, scharfes Piment- und Nelkenaroma.
**Wuchs:** Kleinstrauch, ca. 60 cm hoch bei 60 cm Ø, im 2. Jahr weitere 30 cm.
**Kultur:** Bedingt mehrjährig, Aussaat Mai bis Juli, Ernte: ab Juli, dann ganzjährig, Stecklinge möglich.
**Blatt und Stiel:** Lindgrün, Stängel hell, verholzt früh.
**Blüte:** Lockerer Blütenstand, zierliche weiße Einzelblüte.
**Pflege:** Relativ anspruchslos;

'Vana-Tulsi'

hoher Gehalt »scharfer« Aromen (v.a. Eugenol) wirkt als natürlicher Pflanzenschutz, bei Überwinterung dennoch auf Weiße Fliege achten.

**Verwendung:** Nicht zu Salat, da scharf und pelzig! Pikant zu Fisch, Gemüse, Tofu (wie Blattpfeffer kurz erhitzen). Typischer, pfeffrig-scharfer Thai-Geschmack.

**Ähnliche Sorten:** *Ocimum gratissimum* var. *suave*, Afrikanisches Baumbasilikum (größer, mit deutlich anderem Aroma: weniger Nelke und mehr Frucht).

## TIPP

**Weitere Tulsi-Arten:**

Häufig verwechselt (auch in Samentüten) wird 'Rama Tulsi' *(Ocimum sanctum)* mit 'Ram Tulsi' *(Ocimum canum)*. *Ocimum kilimandscharicum* (siehe S. 54) heißt passend »Camphor Tulsi«, *Ocimum basilicum* var. *thyrsiflorum* ist »Subja« oder »Barbari Tulsi«, und weitere mehr.

»… es ist etwas sonderliches in diesem gewächs … zu dem wann man es in wasser setzet, pflegt es darinn eine lange zeit, wie in der erden zu grünen und auch zu blühen …«

(1586, Matthiolus: Über das Basilienkraut)

# Herrliche Blüten

Köstliche Blüten sind kein ganz neues Thema mehr in Kräuterbüchern. Und in deutschen Küchen? Verwunderung bis hin zu Kopfschütteln begegnen mir nicht selten, wenn ich Gäste auffordere: Blüten essen nicht vergessen!

Es mag Respekt sein – vor der Schönheit der Blüte –, es mag eine diffuse Sorge sein, dem Kräutlein wehzutun, oft aber ist es schlichte Skepsis gegenüber dem Unbekannten.

## Nektar – ein besonderer Genuss

Kräuterblüten besitzen ein ganz eigenes Aroma. Es stellt eine Nuance des Blattduftes besonders intensiv heraus oder kombiniert ätherische Öle mit der Süße des Nektartropfens, der im Inneren als Belohnung auf die Bienen wartet. Schlürfen Sie einmal aus einer Blüte! Sie werden erstaunt sein über die kulinarische Entdeckung. Und da das Auge mitisst, werden sich Ihre Gäste bestimmt freuen beim Anblick von Basilikumblüten über Sommersalaten, zu Erdbeeren oder auf Kürbissuppen im Herbst.

Farbe und Duft von Blüten sind naturgemäß dazu gedacht, Bestäuberinsekten anzulocken – oder Fraßfeinde abzuschrecken. Sie fragen sich, ob dem Kraut klar ist, dass diese Strategie bei neugierigen Gaumen versagt?

Wenn Sie selbst zugreifen, müssen Sie keine Sorge haben, dass der Nachschub ausgeht: Je mehr Blüten Sie pflücken, desto mehr Blätter

Wann haben Sie zuletzt einen köstlichen Blumenstrauß verschenkt?

## TIPP

### Vasenleben

Basilikumstiele halten erstaunlich gut in der Vase. Nicht selten schlagen sie sogar Wurzeln. Mir scheint, sie halten ihr Wasser selber frisch. Achten Sie aber darauf, dass die Stängel im Wasser sorgfältig entblättert sind.

und Blüten wachsen nach. Ernten Sie mit Augenmaß und stellen Sie sicher, dass die Pflanze nach jedem »Raub« gut mit Wasser, Dünger und Aufmerksamkeit versorgt ist.

Auch floristisch interessierte Ästheten kommen beim Arrangieren von Basilikum in Vase und Beet auf ihre Kosten. Die Rotlaubigen um 'Purple Delight' spielen mit starken Kontrasten, und nicht nur der »Knospenblüher« aus Zypern (siehe S. 47) überrascht mit einem imposanten Blütenstand.

Zitroniges Basilikum – köstliche Blüten und Blätter!

## Zitroniges Basilikum

*Ocimum × americanum*

**Typische Merkmale:** Intensives Blatt- und Blütenaroma.
**Wuchs:** Schwachwüchsig, 40 bis 50 cm.
**Kultur:** Einjährig, Aussaat(en) Mai–Juli, Ernt(e) Juli–September.
**Blatt:** Sattgrün, glatt, mittelgroß, riecht bei leichter Berührung stark nach Zitrone.
**Blüte:** Klein, weiß, früh und reichblühend.
**Pflege:** Liebt volle Sonne! Noch wärmeliebender als andere, draußen nur Juni bis September.
**Verwendung:** Blatt als Tee, Blüte zu Eiskrem und in Eiswürfeln.
**Ähnliche Sorten:** *Ocimum × citriodorum*, Limonen- und Limetten-Basilikum.

## 'Magical Michael'

*Ocimum basilicum* var. *thyrsiflorum*

**Typische Merkmale:** Sehr einheitlicher Wuchs, dunkle Blütenknospenkuppel.
**Wuchs:** Schlank, 40 cm hoch bei etwa gleichem Ø.
**Kultur:** Einjährig, Aussaat(en) Mai–Juli, Ernt(e) Juli–Oktober.
**Blatt:** Sattgrün, spitz, leicht gesägt, aromatisch.
**Blüte:** Weiß aus dunkelvioletten Hüllblättern, dazu kuppelförmig.
**Pflege:** Wächst zügig, braucht regelmäßig Wasser und nahrhaften Boden.
**Verwendung:** Zierde im Beet, auf dem Balkon und im Salat, gute Vasenhaltbarkeit. Mit Kapuzinerkresse und Frucht-Tagetes toll in einem »Blumenstrauß zum Aufessen«.
**Ähnliche Sorten:** Einzigartig!

'Magical Michael' – unvergleichlich schön!

## ‘Purple Delight’

*Ocimum basilicum*

**Typische Merkmale:** Gut durchgefärbtes Purpurrot.
**Wuchs:** Bei ausreichend Licht kompakte stämmige Pflanzen.
**Kultur:** Einjährig, Aussaat(en): Mai – Juli, Ernte(n): Juli – September.
**Blatt:** Mindestens daumenlang und -breit, auffällig gesägt, matt schimmernd, aromatisch.
**Blüte:** Tiefrosa mit weiß geränderter Unterlippe, Geschmack würzig-pfeffrig.
**Pflege:** Auf lockeren, hellen Stand achten, Blatt sollte schnell abtrocknen können.
**Verwendung:** Anthocyanreiche Formen gelten einerseits als gesund wegen ihrer Vitamin-C-ähnlichen Wirkung als Antioxidans. Sie besitzen allerdings auch höhere Gehalte an Eugenol (Nelkenaroma), das von einigen Untersuchungen als allergiefördernd eingestuft wird.
**Ähnliche Sorten:** ‘Rubin’, ‘Osmin’, ‘Wildes Purpur’.

‘Purple Delight’ – wie der Name schon sagt: eine Augenweide.

## ‘Carmina’

*Ocimum canum × basilicum*

**Typische Merkmale:** Auslese aus ‘Wildes Purpur’, intensiver Farbkontrast von Laub und Blüte.
**Wuchs:** Kompakt und gesund, bedingt mehrjährig bei optimalen Bedingungen.
**Kultur:** Stecklinge im Austrieb, Ernte(n) laufend ab Juni.
**Blatt und Stiel:** Blatt aubergine-lila und glatt, Stängel dunkel, Basis verholzt früh.
**Blüte:** Auffällig leuchtend lila-rosa ab Hochsommer.
**Pflege:** Gehört zu den robusteren »Roten«, Überwinterung dennoch nicht ganz einfach.
**Verwendung:** Wie Mediterrane zu Salat oder Pesto, seltener schneiden, um die Blüte zu genießen.
**Ähnliche Sorten:** ‘Wildes Purpur’, ‘Magic Blue’, ‘Baristo® Rosso’.

## Zypriotisches Strauchbasilikum

*Ocimum × thyrsiflorum*

**Typische Merkmale:** Groß(artig)e Erscheinung, lange Knospenphase.
**Wuchs:** Unbedingt mehrjährig bei mindestens 8 °C warmer und heller Überwinterung, starkwüchsig wie viele Hybriden. Im 2. Jahr bis 120 cm bei 80 cm ∅.
**Kultur:** Stecklinge im Austrieb, Ernte(n) laufend ab Juni.
**Blatt:** Sattgrün, bissfest, würzig-aromatisch, glatt.
**Blüte:** Ungewöhnlicher rostbraunroter »Knospenstand« über Wochen, ab September erscheinen weiße Blütenlippen.
**Pflege:** Regelmäßige Blatternte (von oben) zwischen Mai und August, danach blühen lassen. Bei kühlen Nachttemperaturen Vlies bereitlegen, nicht zu spät hereinholen.
**Verwendung:** Pesto, Suppe und Salat - oder im Blumenstrauß zusammen mit ‘Magical Michael’.
**Ähnliche Sorten:** Russisches Strauchbasilikum, Griechisches Strauchbasilikum.

Aus Zypern: das »Knospenblüher«-Basilikum.

Die Begriffe »ausdauernd«, »mehrjährig« und »staudig« beschreiben die Fähigkeit einer Pflanze, länger als eine Blühsaison zu leben. Sie sagen nichts über ihre Temperaturempfindlichkeit aus. Leider gibt es kein frosthartes Basilikum. Doch bei nicht wenigen lohnt der Aufwand, sie geschützt zu überwintern.

# Ausdauernd schön

Viele Basilikum-Arten sind durchaus staudig, werden aber bei uns nur einjährig kultiviert. Ihr ursprüngliches Zuhause sind subtropische Gebiete, die keinen Frost kennen und die so nahe am Äquator liegen, dass sie in jedem Monat des Jahres ungefähr dieselbe Menge Licht zu bieten haben.

Fragen Sie sich, ob »ausdauernd« im Fall von Basilikum eher Mehrwert oder Manko ist? Ich würde sagen: Beides. Auch in meiner Gärtnerei kämpfen wir jeden Winter mit knappem Platz und wenig Licht plus unvorhersehbarer Kälte. Da ist es leichter, sich von einer einjährigen Basilikumpflanze zu verabschieden als an einer Staude zu scheitern.

Andererseits: Basilikum im Winter in der Wohnung schafft ein gutes Raumklima, und beim Darüberstreiche(l)n erinnert der Duft an den fernen Sommer. Ernten im Winter schenken unerwartet frische Würze. Und ab Mai einen richtigen großen Busch vor der Terrassentür zu haben, ist fast wie Urlaub in Griechenland.

Zugegeben: Es ist nicht ganz unaufwändig, Basilikum zu überwintern. Aber bei der folgenden Auswahl hält sich die Mühe in Grenzen. Und eine handfeste Anleitung finden Sie auf Seite 73.

Frisches Basilikum im Winter weckt duftige Sommererinnerungen.

## Russisches Strauchbasilikum ('Krim', 'Gorbatchov')

*Ocimum* spec.

**Typische Merkmale:** Ein Kunden-Magnet, hochattraktiv mit glänzendem Laub.
**Wuchs:** Zügig und aufrecht, bis zu 100 cm in 2 Jahren bei ca. 40 cm Ø.
**Kultur:** Stecklinge im Austrieb, Ernte laufend.
**Blatt:** Tiefgrün, maximal daumenlang, länglich spitz, bissfest mit pimentiger Note.
**Blüte:** Wenn überhaupt, sehr spät und weiß blühend.
**Pflege:** Wächst gesund und munter durch den Sommer, braucht viel Licht im Winter.
**Verwendung:** Ganzjährige Ernte für frisches Pesto, Salat und Eintopfwürze.
**Ähnliche Sorten:** Griechisches Strauchbasilikum, 'Yiotis'.

Blüht sehr ungern und nur spät im Jahr, liefert dafür aber regelmäßig Blatternten: 'Krim'-Basilikum.

'African Green'

## 'African Green'

*O. basilicum × kilimandscharicum*

**Typische Merkmale:** Grünlaubige Verwandtschaft von 'African Blue' (siehe S. 20).
**Wuchs:** Gesund, stark, aufrecht, bis zu 120 cm bei etwa 60 cm Ø.
**Kultur:** Stecklinge im Austrieb, Ernte laufend.
**Blatt:** Lindgrün, mittelgroß, pelzig behaart, Aroma: Nelke mit Kampfer; Stängel verholzt früh.
**Blüte:** Weiß und reich, dichte Quirle an langen Stielen.
**Pflege:** Einfach, im Winter regelmäßig zurückschneiden.
**Verwendung:** Ganzjährige Ernte von Blättern für Herzhaftes und Blüten für Dekorationen.
**Ähnliche Sorten:** Kampfer-Basilikum, 'Herbstzauber®-Basilikum'.

## 'Green Pepper' (Pfefferblatt-Basilikum)

*Ocimum selloi*

**Typische Merkmale:** Selten angebotene Wildform mit paprikaähnlichem Blatt.
**Wuchs:** Gesund, mittelstark, wird zum Busch von ca. 80 cm Höhe bei 60 cm Ø.
**Kultur:** Aussaat ab Mai, Stecklinge im Austrieb, Ernte ab Juli.
**Blatt:** Ledrig, sattgrün und glänzend, wenig Duft, aber viel Blattpfeffer-Geschmack.
**Blüte:** Fliederfarben; klein, sehr schmuck mit länglichen Lippen.
**Pflege:** Wirft bei Kälte Laub ab, treibt wieder aus, 2 bis 3 Rückschnitte pro Winter.
**Verwendung:** Für die scharfe, auch asiatische Küche, junge Blattspitzen für Salate.

'Green Pepper'

## Kubanisches Strauchbasilikum

*Ocimum* spec.

**Typische Merkmale:** Ausdauernd und kleinblättrig.
**Wuchs:** Überraschend stark, schlank, aufrecht bis etwa 60 cm bei nur 30 cm Ø.
**Kultur:** Stecklinge im Austrieb, Ernte laufend.
**Blatt:** Hellgrün, fingernagelbreit und doppelt so lang, frisch würziges Salataroma.
**Blüte:** Weiß, erscheint ab Juli, essbar.
**Pflege:** Regelmäßiger Rükkschnitt gegen Kopflastigkeit.
**Verwendung:** Perfekte Größe zu Cocktailtomaten.
**Ähnliche Sorten:** 'Fino Verde', Buschbasilikum, 'Baristo® Greco'.

Kubanisches Strauchbasilikum

'Pesto Perpetuo'

## 'Pesto Perpetuo'

*Ocimum* spec. (Bild siehe S. 23)

**Typische Merkmale:** Weißbunte Auslese des 'Krim'-Typs.
**Wuchs:** Sehr gleichmäßig, da stecklingsvermehrt. Eiform mit ca. 50 cm Ø.
**Kultur:** Stecklinge im Austrieb, Ernte laufend.
**Blatt:** Weich, grün mit weißen Randflecken, typisches Basilikumaroma, mild.
**Blüte:** Blüht ungern.
**Pflege:** Wächst unkompliziert durch den Sommer, braucht viel Licht im Winter.
**Verwendung:** Immerwährendes Pesto-Basilikum, Salat.
**Ähnliche Sorten:** Zypriotisches, Griechisches und Russisches Strauchbasilikum.

Kaum jemand wird heutzutage Basilikum als »exotisch« bezeichnen. Jedenfalls die Genoveser-Sorten sind längst bei uns eingebürgert. Aber nur etwa ein Dutzend der rund 60 Wildarten wird über botanische Gärten hinaus angebaut. Die meisten Sorten, die weltweit in Kultur stehen, entstammen dem »Mittelmeertyp«. Wie steht es um die übrigen Exoten?

# Exoten aus fernen Ländern

Die folgende Auswahl möchte Appetit machen auf eine Entdeckungsreise abseits der bereits beernteten Felder: Sortennamen wie 'Réunion' lassen Träume vom indischen Ozean und weißen Palmenstränden aufkommen. Ätherisches Basilikum-Öl aus dieser Region ist für die Parfüm-, Lebensmittel- und Pharmaindustrie von besonderer Bedeutung: Es enthält u. a. viel Estragol, das Sie auch aus Anis, Dill und Estragon kennen und das Sie in Kosmetika, Fertiggerichten und wehenauslösenden Medikamenten wiederfinden.

## Basilikum als Insektenschutz

Kampferbasilikum wächst ebenfalls auf La Réunion und im östlichen Afrika. Es wird nicht in der Küche verwendet, hilft aber als Badezusatz bei aufziehenden Erkältungen und steckt in herben Herrenparfüms. Darüber hinaus findet es Anwendung als natürliches Insektenschutzmittel im Biogarten. Ein Tee-Extrakt der Blätter (und auch Samen!) gilt als Vergrätzungsmittel – es tötet Insekten nicht, es vertreibt sie, zumindest für eine Weile. Wäre es nicht wunderbar, sich sein eigenes, gänzlich biologisches Blattlaus- und Schildlaus-Vergrätzungsmittel heranzuziehen? Nun, im nächsten Sommer kann auch Ihr Kampfer-Basilkum so groß sein, daß Sie richtig viel zu ernten haben. Es wächst rasch und unkompliziert. Machen Sie es zu ihrem Komplizen gegen unerwünschte Gartengäste.

Das schmalblättrige Basilikum aus der französischen Überseeprovinz La Réunion erinnert mit Zimt- und Anisnoten an Thai-Basilikum.

## ‘Réunion’ (Thai-Typ)

*Ocimum basilicum*

**Typische Merkmale:** Starkwachsend, hocharomatisch.
**Wuchs:** Eher schlanker Busch, mittelhoch, bedingt mehrjährig.
**Kultur:** Einjährig, Aussaat(en): Mai - Juli, Ernte(n): Juli - September.
**Blatt:** Lang gestielt, grün mit einem Blaustich, unbehaart.
**Blüte:** Cremeweiß, erscheint mittelspät über pelzig behaarten, purpurroten Hüllblättern.
**Pflege:** Sehr sonnenhungrig und wärmebedürftig.
**Verwendung:** Das nach Lakritz duftende ätherische Öl wird in der Lebensmittelindustrie als »Basilikum: Réunion-Typ« gehandelt.
**Ähnliche Sorten:** Thai-, Anis- und Zimt-Basilikum.

‘Réunion’ (knospiger Zweig).

## Kampfer-Basilikum

*Ocimum kilimandscharicum*

**Typische Merkmale:** Deutlich mehr Strauch als Staude, strenger »Eukalyptusduft«.
**Wuchs:** Bedingt mehrjährig, erreicht bis 100 cm im 2. Jahr.
**Kultur:** Stecklinge im Austrieb, Ernte laufend.
**Blatt:** Relativ klein, fest, behaart, dunkelgrün mit silbrigem Schimmer, starkes Aroma.
**Blüte:** Weiß, mit intensivem Aroma, gut in Seife zu verarbeiten.
**Pflege:** Einfach, wenn Staunässe vermieden wird. Kaum Schädlingsbefall.
**Verwendung:** Blatt und Blüte angenehm als Badezusatz bei beginnender Erkältung.
**Bemerkung:** Elternteil von ‘African Blue’ und ‘African Green’.

Kampfer-Basilikum kann zu einem üppigen Strauch heranwachsen.

## Wildes Basilikum

*Ocimum canum*

**Typische Merkmale:** Blattrippen auf der Unterseite deutlich zu ertasten.
**Wuchs:** Kompakt, eher breit und buschig als hoch, 50 × 50 × 50 cm.
**Kultur:** Einjährig, Aussaat(en): Mai – Juli, Ernte(n): Juli – September.
**Blatt:** Daumenlang und 2 Daumen breit, pelzig mit zimtig-fruchtigem Gummibärenaroma.
**Blüte:** Leuchtend rosa, aber recht klein (verwandt mit *Ocimum tenuiflorum* = Kleinblütiges Basilikum), von Juli bis September.

### TIPP

**Juckreiz**

Verschiedene Basilikum-Öle sollen Moskitos abwehren, so auch Tulsi und das nahe verwandte Wilde Basilikum *(Ocimum canum)*. Ob sie auch gegen europäische Mücken helfen? Bei Insektenstichen jedenfalls hilft das Öl äußerlich aufgetragen gegen Entzündungen und nimmt den Juckreiz.

Wildes Basilikum: ausgewachsene Blätter mit den typischen Miniblüten.

**Pflege:** Einfach, robuster Charakter dank Wildform.
**Verwendung:** In Süd-Ostasien; mitunter als das fruchtige Basilikum »bai maeng-lak« in Thai-Rezepten beschrieben.
**Ähnliche Sorten:** *Ocimum sanctum*, 'Wildes Allgäuer'-Tulsi.

# Formen- und Farbenvielfalt

In ihrem Buch »Kräuterspezialitäten« schreibt Marie Luise Kreuter über Basilikum: »Wenn Sie erst einmal purpurrote Basilikumblätter über Ihren Mozzarella gestreut haben, wenn Sie nach warmem Zimt duftende Basilikumzweige in die Teekanne gelegt und mit exotischem Thai-Basilikum Ihr Hähnchen gewürzt haben, werden Sie gar nicht mehr verstehen, wie Sie einst nur mit einfachem grünen Basilikum leben konnten.«

Und wenn Sie einmal breit ausladendes ‘African Blue’ neben einen schlanken Topf ‘Krim’ oder die Miniaturblättchen von Türkischem Buschbasilikum vor handtellergroßem ‘Green Ruffles’ platzieren, dann möchten Sie auch die gestalterischen Qualitäten einer gut sortierten Basilikum-Sammlung nicht mehr missen. Zusammen mit anderen Kräutern lässt sich mit Basilikumtöpfen eine überraschend abwechslungsreiche Balkon- und Terrassendekoration verwirklichen.

Ob tiefes Grün, ob dunkles Rot, ob Bubikopf oder Platzhirsch, ob zierlich oder imposant – Basilikum bietet viele Silhouetten und Farbspiele als die immer gleiche Standardvariante des 'Genovesers'. Was fehlt, sind überhängende Formen. Kombinieren Sie deshalb im Beet oder in ausreichend großen Kübeln das Pfefferkraut mit Kapuzinerkresse und Vietnam-Koriander. Beide mögen Nährstoffe und Feuchtigkeit.

Von links nach rechts: Junges Zitronen-Basilikum, 'Compatto' FT und Buschbasilikum (jeweils ca. 4 Monate alt). 'African Blue' nach 6 Monaten, 'African Green' nach 2 Jahren, junges Nelken-Basilikum und junges 'Pesto Perpetuo' (etwa 3 Monate nach Stecklingsvermehrung). Zypriotisches Stauchbasilikum gegen Ende des ersten Jahres.

# Anbau und Ernte von Basilikum

Wenn Sie Basilikum selbst ziehen möchten, beginnen Sie am besten mit den robustesten Sorten. Das sind diejenigen, die im Kapitel »Klassiker« (Seite 16ff.) beschrieben wurden. Und stellen bzw. pflanzen Sie sie an den wärmsten und hellsten Fleck in Ihrem Garten. Dort, wo Ihre Katze immer liegt.

Wohlfühlort für Basilikum: ein großer Tontopf mit breitem Untersetzer, hell und sonnig platziert und zugleich vor Regen geschützt – perfekt.

# Der geeignete Standort

Die nächsten Seiten möchten Ihnen das Zusammenleben mit Basilikum schmackhaft machen. Jede und jeder besitzt Erfahrungen mit Pflanzen daheim – im Zimmer, auf der Terrasse oder im Garten. Vielleicht hat Basilikum bisher nicht unbedingt zu den Erfolgserlebnissen Ihrer Gärtnerkarriere gehört. Mit diesem Buch nehmen Sie die Herausforderung noch einmal an, und wir werden Sie Schritt für Schritt zum Ziel führen, damit auch Sie im kommenden Jahr in üppigen Düften schwelgen und köstliche Ernten des göttlichen Krauts Basilikum »einfahren« werden.

Plätze, an denen Basilikum »wie von selbst« wächst, haben Folgendes gemeinsam: konstante Tagestemperaturen um 25 °C bei recht hoher Luftfeuchtigkeit, leichte Winde, milde Nächte und gleichbleibenden Lichteinfall. Dazu humose, nährstoffreiche Böden und eine regelmäßige Wasserversorgung – subtropische Verhältnisse also. Bei uns in Mitteleuropa wächst Basilikum sehr fern der Heimat und braucht etwas Unterstützung.

Welchen Wohlfühlort haben Sie zu bieten? Was lässt er sich auf Ihrer Terrasse, Ihrem Balkon oder Ihrem Garten unaufwändig einrichten? Sie müssen kein Gewächshaus bauen, um Basilikum zu ernten. Aber ein Vordach würde ihm gefallen und den Ertrag gleich erhöhen. Ein Tomatenzelt haben Sie schon? Perfekt! Tomate und Basilikum bilden ein prima Team – im Beet wie auf dem Teller.

Gott sei Dank ist Basilikum wie viele andere Pflanzen ein Anpassungskünstler. Und durch Zucht und Auslese sind inzwischen auch einige robustere Sorten auf dem Markt. Beginnen Sie Ihre eigene Anzucht am besten mit diesen Sorten, die wir Ihnen im Kapitel »Klassiker« (Seite 16 ff.) vorstellen.

Der Gattungsname *Ocimum* geht auf das griechische Wort »ozein« für Riechen zurück, der Artname *basilicum* auf »basileios«, griechisch für König, königlich. Damit aus Basilikum mehr wächst als Basilikummer, folgt hier ein kleiner Grundkurs im »Gärtnern mit duftenden Königskindern«.

# Licht und Wärme

Selbst im Weinbauklima am Kaiserstuhl sind Sie von den Optimalbedingungen subtropischer Länder meilenweit entfernt. Ich stelle aber immer wieder fest, dass viele Hobbygärtner auch über ihr eigenes »Land« Wichtiges nicht wissen. Kennen Sie z. B. die Ausrichtung Ihres Gartens nach den Himmelsrichtungen? Wissen Sie, wann und wo die Sonne auf- oder untergeht?

Denn Licht ist das A und O beim erfolgreichen Anbau von Basilikum, noch wichtiger als die Temperatur. Ein Julitag bietet bis zu hundert Mal mehr Licht als ein grauer Dezembertag, ein Sommersonnenplatz zehn Mal mehr Licht als ein Schattenplatz. Während Sie vor einem drohenden Sonnenbrand selbst in den Schatten flüchten, kann es für das Königskraut gar nicht hell und heiß genug sein. Vorausgesetzt, es hat genug zu trinken.

## Sonnenbrand vermeiden

Beim Wässern allerdings lauert die Gefahr eines Sonnenbrandes für alle weichlaubigen Pflanzen wie auch das Basilikum. Wenn man sie bei Sommersonnenschein von oben über die Blätter gießt, wirken die Wassertropfen wie kleine Linsen, unter denen es sehr heiß wird: Die Blätter verbrennen. Falls Basilikum bei Hitze aus Versehen nass wird, bringen Sie es in den Schatten, bis die Blätter abgetrocknet sind. Im Beet hilft das Abdecken mit einer Tageszeitung.

Ein anderer, gern gemachter Fehler ist die sogenannte »Vorkultur auf der Fensterbank«, die auf Samenpackungen bisweilen schon ab Februar empfohlen wird. Frühe Aussaaten müssen aber unnötig lange im Haus gepäppelt werden und ziehen mit ihrem weichen, wenig abgehärteten Gewebe Blattläuse und Pilzkrankheiten an.

## Der richtige Zeitpunkt

Also Geduld: Ich empfehle, bis mindestens Ende März die Finger von der Basilikumsaat zu lassen. Frühestens zur Frühlings-Sonnenwende lohnt das Säen, es sei denn, Sie verfügen über eine (teure) Pflanzenleuchte. Ab dem 23. März werden die Tage wieder länger als die Nächte. Ein Mondkalender kann jetzt übrigens gute Tipps für den besten Aussaat-Termin geben: Säen Sie Basilikum an sogenannten »Blatt-Tagen«.

Die Vorkultur, also das Keimen und Heranwachsen der Sämlinge, funktioniert tatsächlich am besten auf der Fensterbank. Bis sie getopft oder ausgepflanzt werden können, vergehen um diese Jahreszeit mindestens sechs Wochen (später im Jahr geht es spürbar schneller). Früher als Mitte Mai ist an eine Übersiedlung ins Freie aber nicht zu denken, denn Frühlingsnächte und Frühjahrsstürme sind empfindlich kalt. Und wenn ein Attribut auf Basilikum zutrifft, dann dieses: kälteempfindlich.

## Vorsicht: Erkältungsgefahr!

Eine Erkältung zeigt sich bei Basilikum so: Die Blätter verlieren Spannkraft, werden schlapp und fahl (obwohl der Topf genug Wasser hat), jeglicher Blattglanz verschwindet. Jetzt hilft nur eine Wärmebehandlung im Zimmer am hellsten Fenster. Gießen Sie nur mit handwarmem Wasser - ganz gleich übrigens, ob Basilikum krank oder gesund ist. Nach der Genesung geht es stundenweise an die frische Luft - zum Eingewöhnen. Dieses »Rein und Raus« verdirbt vielen die Freude an exotischen Kräutern, vor allem in der sogenannten »Übergangsjahreszeit«. Abhilfe schafft ein Gewächshaus bzw. ein isoliertes Tomatenzelt. Oder noch mehr Geduld: Die gleiche Aussaat, vier Wochen später gemacht, überholt im Wuchs die frühere. Denn die Lichtausbeute verdoppelt sich bei uns von Mitte März bis Mitte Mai.

Gut behütet wächst dieser Strauch auch im zweiten Jahr. Wie Sie den Regen von den Blättern fernhalten, bleibt ganz Ihrer Phantasie überlassen.

# Aussaat

**Das Saatgut:** Es sollte nicht älter als drei Jahre sein und möglichst aus Bio-Anbau stammen. Besonders an sehr preiswertem 'Genoveser'-Saatgut können Sporen der Fusarium-Welke haften. Wer sich die Mühe macht, das Saatgut in einem Teenetz warm abzuspülen, verringert die Infektionsgefahr.

**Die Erde:** Sie wird auch Substrat genannt und soll für Aussaaten eher nährstoffarm und zugleich locker und humos sein. Bester Ausgangsstoff ist fein gesiebter Kompost, reiner Torf eignet sich weniger. Falls Ihr eigener Kompost nicht heiß genug wird, um Unkrautsamen abzutöten, kaufen Sie geprüften Grünschnittkompost und mischen diesen mit 20 Prozent Perlite oder körnigem Sand.

**Gefäße und Gerätschaften:** Hier eignen sich flache Schalen mit Bodenlöchern oder kleine Obstkiste.

**Aussaat:** Säen Sie mit etwa einem Daumen Abstand zwischen den Pflanzen (im Supermarkt-Topf stehen sie viel zu beengt). Um die Samen kontrolliert zu verteilen, falten Sie als Aussaathilfe z.B.ein Papier. Basilikum ist ein sogenannter »Lichtkeimer«, d.h. es wird nur sehr dünn mit feinster Erde bestreut. Platzieren Sie die Saatkiste hell, aber nicht vollsonnig. Decken Sie sie bis zur Keimung mit einer Glasscheibe ab. Säen Sie mehrere »Sätze« zwischen März und August.

**Wasser:** Sprühen Sie, statt zu gießen, mit handwarmem Wasser. Basilikum fühlt sich dann wie zu Hause. Nach dem Keimen entfernen Sie die Scheibe und stellen die Pflänzchen ins Warme und Helle.

Links: Aussaaterde gibt es im Fachhandel – oder selbst gemischt.

Unten: Schreiben Sie gleich ein Etikett mit Namen, Datum und Bezugsquelle. So können Sie erfolgreiche Sorten leicht nachbestellen.

❶ Füllen Sie Saatschalen randhoch mit Aussaatsubstrat. Drücken Sie diese glatt und streichen Sie überschüssige Erde ab.

❷ Verteilen Sie dunkle Samen mit Hilfe einer hellen Aussaathilfe (hier ein Viertel Joghurtbecher) möglichst gleichmäßig.

❸ Drücken Sie die Samen leicht mit dem Finger an und bedecken Sie sie sehr dünn mit Erde (»Lichtkeimer«).

❹ Mit einem weichen Wasserstrahl gießen, dann mit Glasscheibe schützen. Warm aufstellen.

❺ In 5 bis 15 Tagen keimt die Saat. Tropfwasser von der Scheibe hält sie unterdessen feucht.

❻ Ist das erste echte Blattpaar ausgebildet, kann der Sämling pikiert, bei starkwüchsigen Sorten gleich getopft werden.

Im Frühling keimt und sprießt es überall im Garten, selbst auf dem Balkon entwickelt sich viel Eigenleben. Oft zeigt sich gerade dort das satteste Grün, wo Sie gar nichts gesät haben. Alle Pflanzenkinder schreien jetzt nach Licht und Futter, auch Ihr Basilikum.

Für üppige Blüten und gesunde Samen brauchen Pflanzen wertvolle Nährstoffe, die ein belebter Boden liefert.

# Erden und Dünger

Ihre Basilikum-Aufzucht keimt und sprießt wie die Blumen im Garten? Es zeigen sich bereits erste Blattpaare? Dann wird es spätestens mit dem dritten Blattpaar Zeit, die Sämlinge zu vereinzeln. Denn in den dicht besäten Schalen wird es jetzt zu eng. Sie können nun gleich topfen oder die etwas altmodische, aber bewährte Methode des Pikierens verwenden: Das Verpflanzen von dicht stehenden Sämlingen auf größere Abstände. So oder so - die Pflanze wird unweigerlich gestresst, denn ihre Feinwurzeln reißen ab. Doch keine Sorge: Schnitte sind für gesunde Pflanzen positiver Stress. Der nachfolgende Austrieb ist verzweigt und verheißt doppelten Zuwachs, oben Verzweigung und unten Bewurzelung.

Bei der Wahl der Blumenerde schleppen Pfiffige nur einen schweren Sack, den sie für Aussaat und Stecklingskultur sieben und mit Sand abmagern können. Zum Topfen ist die Erde pur gerade recht, und zum Umtopfen großer Pflanzen wird sie mit organischem Dünger aus Hornspänen angereichert - oder aus Maiskeim bei konsequenten Vegetariern (siehe Bezugsquellen).

## Gute Erde für gesunde Pflanzen

Blumenerden sind immer wieder Gegenstand besorgter Nachfragen. Zu Recht! Kaufen Sie keine billige Erde - es sei denn, Sie wissen genau, was enthalten ist. Du bist, was du isst - diese Weisheit trifft auf Basilikumpflanzen genauso zu wie auf spätere Basilikumpflanzenverzehrer.

Wer einmal Kompost selbst hergestellt hat, weiß, dass das Zeit, Schweiß und Erfahrung kostet. Es gibt gute Blumenerden am Markt, aber sie sind nicht immer leicht erhältlich. Tipps finden Sie unter Bezugsquellen im Anhang.

## TIPP

**Pikieren**

Spätestens mit dem dritten Blattpaar nehmen Sie die Sämlinge aus der Erde. Kürzen Sie lange Wurzeln mit den Fingernägeln. Setzen Sie die Jungpflanzen dann sofort in nahrhafteren Boden. Gießen Sie an. Im Halbschatten finden Basilikum und Gärtner Erholung.

## Kultur im Gartenboden oder im Topf?

Während der Nachwuchs auf der Fensterbank zu kräftigen Jungpflanzen heranreift, können Sie sich bereits die Alternativen für den späteren Werdegang durch den Kopf gehen lassen. Zunächst muss entschieden werden, ob Ihr Basilikum überhaupt ausgepflanzt wird - oder ob der Standort eher für einen reinen Topfanbau spricht. Noch einmal: Der hellste und wärmste Fleck ist gerade gut genug. Vermutlich haben Sie auch andere Sonnenanbeter wie Rosmarin, Thymian oder ein Zitronen-Bäumchen. Alle wollen diesen Platz. Basilikum bekommt ihn. Denn sonst bekommen Sie kein Basilikum.

Für den Einstieg empfehlen wir, Basilikum in Hausnähe im Topf zu halten und parallel einige Setzlinge auszupflanzen. Haben Sie einen hellen Platz mit einem Dachüberstand? Das ist der perfekte Platz! Naturgemäß ist es dort sehr trocken. Wenn Sie gießen, achten Sie darauf, dabei das Laub nicht zu benässen, genau wie bei Tomaten.

Wenn Sie im Beet pflanzen wollen und einen passenden Platz gefunden haben, lockern Sie den Boden rechtzeitig mit einer Grabegabel. Frühlingsluft und eine Schaufel gut verrotteter Kompost sind Balsam für das Bodenleben. Jäten Sie vorweg sorgfältig und achten Sie vor allem auf Wurzelunkräuter: Ampfer, Quecke oder Löwenzahn wachsen Ihrem Basilikum in kürzester Zeit über den Kopf.

Eine Alternative zur Aussaat ist dieses »Glück im Wasserglas«. Bei Basilikum treiben erstaunlich viele Zweiglein Wurzeln.

Nach Monaten im Kindergarten ist es so weit: Ihre Pflanzen sind aus dem Gröbsten heraus und wollen vor die Tür. Auch Sie müssen das mal wieder, ins Kino oder eine Woche wegfahren. Aber wer gießt? Und wie geht richtiges Gießen?

# Halbstarke haben viel Durst

Das Basilikum-Gießen überlassen Sie am besten nicht jedem x-Beliebigen, denn es verlangt genaue Einweisung. Entscheidend ist: Wie viel Wasser ist ausreichend? Das wiederum hängt vom Wetter bzw. der Wohnungsluft ab. Je wärmer es ist, desto mehr Wasser verdunstet. Große Basilikumblätter verdunsten dabei mehr Wasser als kleine. Auch von der Wasserhaltekraft der Topferde hängt ab, wie oft gegossen werden muss. Die meisten Pflanzen ziehen es vor, abwechselnd feucht und trocken zu stehen, ganz so wie im normalen wechselhaften Wetter. Halten Sie darum auch Ihr Basilikum nicht dauerfeucht. Das führt zu Fäulnis an den Wurzeln und unten an den Stängeln.

Andererseits brauchen alle Pflanzen, die schnell wachsen, ausreichend Nahrung, und die nehmen sie in Wasser gelöst auf. Allzu sparsames Wässern führt daher zu stockendem Wuchs. Kosten Sie öfter von den Blättchen. Gut versorgte Kräuter schmecken hocharomatisch, überdüngte werden fad, hungrige scharf und bitter.

Eine gute Erde kann extreme Schwankungen in der Versorgung abfangen: Sie dräniert überschüssiges Wasser und speichert Notvorräte in Trockenzeiten. Stellen Sie Ihre Topfpflanzen am besten auf Untersetzer oder in Übertöpfe, die ausreichend Wasser aufnehmen und speichern können.

Unverzichtbar beim Gießen: ausreichend große Untersetzer.

## Faul rumhängen? Probleme macht die Pubertät

Es kommt die Zeit, da wollen Sie Ihr Basilikum nicht mehr ständig kontrollieren. Sie lassen die Zügel etwas schleifen. Doch Probleme macht auch hier die Pubertät: Plötzlich welkt das Kraut, obwohl es gut gegossen und gepflegt wurde. Für eine derlei unerklärliche Welke an Basilikum gibt es erfahrungsgemäß nur einen Grund: den Pilz *Fusarium oxysporium*, einfacher zu merken als »Welkekrankheit«.

Gegen Pilzinfektionen muss man vorbeugen. Ist der Pilz erst einmal da, ist mit Bio-Methoden nichts mehr auszurichten; selbst chemische Keulen sind jetzt machtlos. Der Befall ist fortgeschritten, die Leitungsbahnen sind verstopft. Die Pflanze gehört in den Müll. Nur ganz Hartgesottene geben sie auf den Kompost - in der Hoffnung, dessen Hitze werde die Sporen abtöten.

## Blattlausbefall

Als Folge einer Schwächung durch Kälte oder Nahrungsmangel können grüne Blattläuse auftauchen und in kürzester Zeit große Kolonien bilden, bevorzugt in den Knospen, wo die Säfte süß sind und das Gewebe noch so weich ist, dass die feinen Saugwerkzeuge eindringen können. Die Ausscheidungen der Blattläuse glänzen ähnlich wie Schneckenschleim und heißen »Honigtau«. Daraus wird Rußtau, sobald dunkle Pilzrasen ihn besiedeln. Zuerst verliert die Pflanze Zucker, dann fehlt ihr zunehmend Licht für die Photosynthese. Nach einer Weile sterben die ersten Blätter ab. Spätestens jetzt treten Blatt- und Stängelfäule auf. Meistens kommt eins zum anderen, wenn die Bedingungen nicht optimal sind.

### TIPP

**Blattläuse – Was tun?**

Gegen Blattläuse hilft vorbeugend beste Pflege und regelmäßige Kontrolle, um früh einen Befall zu erkennen.
Im Falle des Befalls:
1) morgens mit Wasserstrahl abspritzen oder
2) mit Seifenlauge oder Knoblauchtee einsprühen oder
3) zurückschneiden oder
4) Neudosan sprühen.

**Schnecken – Was tun?**

Absammeln und weit weg bringen, Durchschneiden, Alternativfutter samt Bierfallen anbieten, Ferramol-(»Bio-«) Schneckenkorn auslegen oder Laufenten ansiedeln.

Dichter Bestand begünstigt Pilzkrankheiten!

Nach diesem Schreckenszenario verstehen Sie, warum wir empfehlen, mehrmals auszusäen, und warum pilztolerante Auslesen die Ernte und Laune verbessern. Gott sei Dank sind längst nicht alle Arten von der empfindlichen Sorte. Und Sie lernen Ihre Favoriten mit zunehmender Basilikum-Erfahrung immer besser kennen.

Blüten essen nicht vergessen!

# Erwachsen und erntebereit

So langsam erwerben Sie den Ruf eines Experten und Sie kommen ‘rum mit Ihrem neuen Hobby. Zu Hause stehen ‘Nufar’, Compatto’, ‘African Blue’ und Ihr ‘Special Select’ gesund und kräftig da. Sie selbst stehen bei den Nachbarn und beantworten geduldig die Fragen wissbegieriger Basilikum-Neulinge. Dabei verpassen Sie daheim fast die erste große Ernte! Denn kurz vor der Blüte entwickeln Kräuter die meisten Inhaltsstoffe, allen voran ätherische Öle: Bei der anstehenden Brautschau möchten sie verführerisch gut duften. Diesen Aroma-Höhepunkt sollten Sie nutzen. Bisher haben Sie vielleicht hier und da Blätter oder Blattspitzen geerntet. Jetzt geht’s in die Vollen, und es lohnt sich, bei Pesto-Rezepten nachzuschlagen.

## Die Ernte

Beim Ernten zupfen Zaghafte die Basilikumblätter seitlich ab, weil sie Sorge haben, »das Herz der Pflanze zu verletzen«, wenn sie Spitzen ausbrechen. Das Gegenteil ist der Fall. Ohne Stutzen wächst jedes Kraut eintriebig in die Höhe und bildet keine Seitentriebe aus. Eine instabile Konstruktion, die beim ersten Wind umknickt. Ernten Sie also immer von oben. Nehmen Sie dabei maximal zwei Drittel der Pflanzen weg. Mindestens eine Handbeit über dem Boden sollten aber zur Unterstützung des Neuaustriebes stehen bleiben.

Schneiden Sie Basilikum auch, wenn Sie gerade nichts verarbeiten wollen. Irgendein Nachbar wird sich freuen, und die Pflanze braucht diesen Verjüngungsschnitt, sonst wird sie wuchsfaul.

# Blütensalat

Wie schmecken eigentlich Veilchenblüten? Haben Sie schon einmal Nektar aus dem Schlund einer Taubnessel gesogen? Mögen Sie Brokkoli? All diese Fragen beantworten die folgende: Kann man Blüten essen? Unbedingt!

Basilikum gehört zu den Lippenblütlern wie viele andere Kräuter auch, beispielsweise Minze, Oregano, Rosmarin, Lavendel oder Thymian. Gerade die Blüten sind köstlich und überraschen Gaumen und Nase: Rosmarinblüten etwa schmecken so, wie Salbeiblätter duften. Und Basilikumblüten? Ernten Sie ein Potpourri aller Sorten in Ihrem Garten und spielen Sie Duft-Memory mit Freunden! Um Gäste vom Blütenessen zu überzeugen, bedarf es manchmal Überredungskunst. Einige finden es schade, Blüten einfach abzupflücken, während andere unsicher sind, ob man sich nicht den Magen verdirbt. Gaumen sei Dank verlieren sich diese Zweifel schnell, denn beispielsweise ein Blütensalat ist etwas ganz Besonderes.

Bedenken Sie aber: Es dauert Wochen, bis die Pflanze neue Blüten ansetzt. Wieder ein Grund, mehrere Pflanzen zu ziehen – die einen zur Blatternte, die anderen zur Blütenernte und einige für die Bienen, die bis spät in den Herbst auf Basilikum fliegen.

Derweil haben Sie Freunden beim Ernterückschnitt geholfen. Und von neuen Sorten Ableger bekommen? Dann ist es an der Zeit, eine neue Vermehrungsart kennenzulernen: Sie besitzen nun nämlich perfektes Material für Stecklinge!

Beispiel für einen mittelstarken Rückschnitt auf die Hälfte an 'African Blue': Abgeblühtes wird entfernt, um neuem Laub Licht und Luft zu geben.

# Stecklinge

Nicht alle Sorten lassen sich aus Samen ziehen: Einige sind unfruchtbar, bilden also gar keine keimfähige Saat. Bei anderen lassen sich besondere Eigenschaften wie Blattzeichnung oder Aroma nicht zuverlässig über das Saatgut vererben. Teilung kommt aufgrund des eintriebigen Wuchses nicht in Betracht. So bleibt nur die Stecklingsvermehrung, um wichtige Merkmale zu erhalten. Wie geht das?

**Der Arbeitstisch:** Er sollte im Schatten stehen. Stecklinge sind von der Wasserversorgung abgeschnittene Verwundete und welken daher schnell.

**Der Termin:** Optimal ist der Austrieb, naturgemäß das Frühjahr und die Zeit nach der Blüte oder nach einem Rückschnitt.

**Die Stecklinge:** Verwenden Sie gesunde, gut ernährte Triebe, die nicht blühen und auch nicht knospig sind. Die allermeisten Pflanzen können nur entweder blühen oder Wurzeln schlagen! Nehmen Sie mindestens fünf Stecklinge von jeder Sorte. Nicht immer wurzeln alle.

**Die Erde:** Sie ist am besten der Aussaaterde ähnlich, kann noch magerer und sandiger sein, auf jeden Fall luftig und locker.

**Das Wasser:** Es befeuchtet hier nicht die Pflanze und auch nicht die Erde, sondern die Luft! Denn die ist fast immer durstig. Erst wenn sie weitgehend mit Feuchtigkeit gesättigt ist, hört sie auf, der Umgebung Wasser zu entziehen. Deshalb Sprühflaschen nutzen, um die Luft zu »befeuchten«, bis sich erste Wurzeln zeigen. Danach mit feiner Brause gießen.

**Die Abdeckung:** Dies kann ein Gefrierbeutel oder eine Schüssel sein. Hauptsache, sie ist hell und verhindert Verdunstung. Untergelegte Bambusstöcke schaffen einen Lüftungsschlitz.

**Der Standort:** Er sollte viel Licht bieten, aber keine direkte Sonne.

**Die Geduld:** Wird nach 5, 10, 15 oder 20 Tagen belohnt.

Oben: Befüllen Sie kleine Töpfe mit mäßig feuchter Stecklingserde und drücken Sie sie sorgfältig an.

Unten: Bohren Sie kleine Löcher nur so tief vor, dass später 1–2 Knoten in der Erde stecken.

❶ Schneiden Sie Kopf- oder Teilstecklinge immer genau unter einem Knoten ab. Benutzen Sie scharfes Werkzeug.

❷ »Knoten« sind die Stellen am Stängel, wo neue Triebe sprießen können: oberhalb Zweige, unterhalb Wurzeln.

❸ Zupfen Sie größere Blätter ab, damit sich die Verdunstungsfläche verkleinert. Stängel dabei nicht knicken!

❹ Stecken Sie den Steckling in das leicht vorgebohrte Loch und drücken Sie die Erde mit Finger oder Pikierstab vorsichtig fest.

❺ Platzieren Sie Ihre »Vermehrung« im Halbschatten und bedecken Sie sie z. B. mit einer Glasschüssel.

❻ Geduld bitte: Es dauert einige Wochen, bis sich ein topffertiger Wurzelballen gebildet hat.

Nach der Ernte ist vor der Ernte! Jeder neue Austrieb kostet viel Kraft. Und auch wenn diese Anstrengung Basilikum in Übung hält – es braucht mal wieder Ihre Unterstützung.

# In Luxus altern und …

»Einjährig kultiviert« bedeutet bei Basilikum eine Lebensspanne von April bis Oktober, also ungefähr sieben Monate. Und auch die »bedingt mehrjährigen« Formen erreichen nicht das Alter eines Königs. Dennoch schaffen die Pflanzen beachtliche Zuwächse – vorausgesetzt, sie darben nicht. Topfen Sie rechtzeitig um und düngen Sie Basilikum spätestens nach jeder großen Ernte mit Horngries oder Vinasse (siehe Bezugsquellen), genau wie andere starkwachsende Kräuter auch.

Das Wetter und der Herbst des Lebens sorgen gehäuft für braune Blätter oder faule Stellen an den Pflanzen. Putzen Sie die betagten Herrschaften regelmäßig aus und entfernen Sie auch welke Blüten. Wenn Ihnen dabei kleine Körnchen über die Finger rieseln, sind wir wieder am Anfang angelangt … beim Samen.

Kürzen Sie beim Umtopfen Triebe und Wurzeln um mindestens ein Drittel ein. Trauen Sie sich!

# ... in Ruhe überwintern

Mit dem Geschick Ihres grünen Daumens bringen Sie es auch im Winter zu Komplimenten. Von Freunden, die zum Essen kommen und schon im Treppenhaus über würzige Düfte staunen: Denn ein heller, kühler(!) Hausflur ist in der kalten Jahreszeit ideal, um Basilikum in großen Kübeln zu überwintern. Zu seinen Füßen stehen flache Schalen mit Wasser, darauf schwimmen kleine Kerzen zur Begrüßung in der dunklen Jahreszeit.

Mit anderen, unter »Privatzimmern« annoncierten Winterquartieren tun sich viele »ausdauernde« Sorten schwer: Entweder es ist ihnen doch zu kalt – schon unter 10 °C erkältet sich Basilikum sofort – oder die Zimmerluft ist zu warm und dabei vor allem zu trocken. Kampfer-Basilikum und seine Abkömmlinge 'African Blue' und 'African Green' haben sich als vergleichsweise tolerant erwiesen. Am liebsten verweilen aber auch sie bei konstanten 15 °C in wohliger Winterruhe und warten auf hellere Zeiten.

## Winter-Wohlfühlorte

Nicht nur die richtige Temperatur ist also entscheidend: Licht ist jetzt Luxus, und Fensterputzen kann zum Erfolg beitragen. Behalten Sie auch die Luftfeuchtigkeit im Blick. Hier helfen die oben erwähnten Wasserschalen. Aus ihnen verdunstet temperaturabhängig Feuchtigkeit und erhöht um die Pflanze herum die Luftfeuchte auf bis zu 40 Prozent. Ob Sie nun das Gästeklo besiedeln oder das alte Kinderzimmer in Beschlag nehmen, ob Sie den Lichtschacht zum Keller verglasen oder in ein Anlehngewächshaus investieren, die Frage lautet immer: Passen Lichteinfall, Temperatur und Luftfeuchte zusammen? Das Wohnzimmer ist zu trocken, der Keller zu dunkel, die Garage zu kalt. Selbst am optimalen Platz sind aber die Tage im mitteleuropäischen Winter so kurz, dass die Pflanzen lang und dürr wachsen. Verkochen Sie diesen Aufwuchs von Zeit zu Zeit! Und ernten Sie ruhig wieder Komplimente!

### TIPP

**Gießen im Winter**

Menge und Häufigkeit des Gießens sind abhängig von der Verdunstung der Pflanze – auch im Winter. Topfballen sollten nicht dauerfeucht sein. Mulchen (z. B. mit Muschelschalen; Bezug bei www.herb-s.de) bewahrt den Ballen vor schnellem Austrocknen. Das helle Material reflektiert zudem gut Licht.
Das Laub muss bei trockener Raumluft sogar befeuchtet werden! Sonst wird es spröde, schrumpelig und fällt ab (die Regel vom Laub-Trockenhalten gilt also nicht für warme Winterplätze). Eine Sprühflasche ist hier besser als die Gießkanne. Und einen Schluck Homöopathie im Gießwasser können wir gerade gegen Winterstress wärmstens empfehlen (siehe Bezugsquellen).

# Basilikum-Rezepte
# – für jeden etwas

Kochen Sie nach Rezept? Schreiben Sie eventuell selbst Rezepte? Oder experimentieren Sie einfach gern in der Küche? Gute Rezepte sind Empfehlungen, keine Befehle. Sie werden wertvoll, indem man sie durch eigene Erfahrungen ergänzt und immer wieder variiert.

# Von Pesto bis Parfait

Mit vielen Basilikum-Sorten werden Sie in der Küche Neuland betreten. Ähnlich wie im Garten wird nicht alles gleich gelingen. Aber ist das schlimm? Wir hoffen nicht - der Weg ist auch hier das Ziel. Rezepte sind dabei wie Reiseführer: Sie listen die Zutaten und bieten viele gute Tipps. Eine Garantie bieten sie nicht. Gut so, denn die besten Entdeckungen machen Sie auf eigene Faust, oft abseits der ausgetretenen Pfade.

Lassen Sie zehn Köche die gleichen Nudeln kochen, und es schmeckt jedes Mal anders. Erst eine individuelle Note macht den Reiz aus beim Kochen. Überzeugende Küchenkunst ist oft überraschend einfach. Sie entsteht aus einer gut ausgewogenen Mischung von Wissen, Erfahrung, Entdeckerlust und Intuition.

Und genau diese Zutaten machen den Reiz der folgenden Basilikum-Rezepte aus. Sie stammen von Ralf Hiener, dem ebenso neugierigen wie kenntnisreichen Chef de Cuisine der »Essbaren Landschaften GmbH« in Mecklenburg-Vorpommern. Zusammen mit seinem Kollegen Olaf Schnelle, der Gärtner ist, ist es ihm tatsächlich gelungen, im äußersten Osten der Republik blühende Landschaften zu erschaffen, oder genauer: auszusäen.

Aus intensiver Beschäftigung mit dem Anbau und der Verarbeitung von (Wild-)Kräutern haben der Gärtner und der Koch einen neuen, sehr unmittelbaren Zugang zur Kräuterküche entwickelt. Kräuter dienen ihnen nicht nur als Würze, schon gar nicht als bloße Dekoration. Nein, Wegerich und Wermut, Sauerampfer und Brunnenkresse, Bärlauch und Basilikum spielen hier die Hauptrollen! Und das schmeckt man.

So eine Suppe mit Basilikum ist im Sommer schön erfrischend (siehe S. 82).

Man nehme: ein schönes Büchlein, frische Polaroids, ein Pfund Zeit und gut abgehangene, vorportionierte Erfahrungen des letzten Sommers. Man würze mit einer Prise Humor und richte das Ganze zu einem kulinarischen Gartenbüchlein an. Überreicht mit einem Glas Pesto!

# Konservieren

Hausgemachte Basilikumsauce ist ein ebenso köstliches wie persönliches Geschenk. Sie können einen Vorrat anlegen zu Zeiten der Basilikumschwemme und den Rest des Jahres darin schwelgen. Apropos Vorrat: Basilikum kann nur frisch sein Aroma voll entfalten. Versuchen Sie erst gar nicht, es zu trocknen. Die leicht flüchtigen Aromastoffe müssen anders konserviert werden. Moderne Küchen verwenden gerne gefrorene Kräuter. Hierzu werden gezupfte Blätter portionsweise in Eiswürfelbehälter oder Alufolie (schock-)gefrostet. Achten Sie auf luftdichte Verschlüsse: Durch Verdunstung entweichen Aromen auch aus Gefrorenem. Ein großer Vorteil besteht darin, küchenfertige Mengen und vorbereitete Mischungen auftauen zu können; von Nachteil ist der hohe Energieverbrauch.

## Pesto – intelligente Vorratshaltung

Eine alte Konservierungstechnik nutzt die Tatsache, dass Fette leicht »Geschmack annehmen«: In Italien, dem Herz der europäischen Basilikumküche, wird ein traditionelles und lokal reichlich verfügbares Lebensmittel verwendet, natives Olivenöl, um zerstoßene Kräuter »einzulegen«. Und »zerstoßen« heißt auf italienisch »pesto«. Früher, ohne Kühlschrank und übervolle Supermärkte, waren Vorräte lebensnotwendig. Heute ist (fast) alles (fast) immer verfügbar. Allerdings empfinden immer mehr Menschen einen Verlust an Lebensqualität, wenn sie weder saisonalen noch regionalen Bezug zu ihren Nahrungsmitteln haben. Frisches vom Wochenmarkt oder aus dem eigenen Garten hat eben noch ganz andere Qualitäten als es auf der Nährwerttabelle steht. Wenn es gelingt, diesen Mehrwert schonend zu konservieren, dann kann man im Winter den Sommer genießen.

Frisch ist Basilikum ein unschlagbarer Genuss.

Ein Klecks Pesto schmeckt prima zu herbstlichen Suppen, winterlichen Eintöpfen und zum ersten Frühlingssalat.

Pesto

## Pesto alla Genovese

*mit Pecorino und Parmesan*

50 g Pinienkerne
2–4 Knoblauchzehen
grobes Salz
100 g Basilikumblatt
50 g Parmesan, gerieben
50 g Pecorino
1 TL Zitronensaft
100 ml Olivenöl

- Verwenden Sie kaltgepresstes Olivenöl. Zerkleinern und mischen Sie zuerst die gröberen Zutaten mit dem groben (Stein-) Salz. Fügen Sie anschließend die fein zerschnittenen Basilikumblätter hinzu, dann den geriebenen Käse und zuletzt so viel Olivenöl, bis die gewünschte Konsistenz erreicht ist. Befüllen Sie immer kleine, sorgfältig sterilisierte Gläser. Drücken Sie dabei Luftblasen aus. Streichen Sie angebrochene Portionen glatt und bedecken Sie sie mit Öl.

- Alternativ zu Pinienkernen können Sie Walnüsse oder Haselnüsse verwenden, statt Olivenöl auch Kürbiskernöl.

## Pistou de Provence

*mit Basilikum und Tomate*

50 g Mandelkerne
½ TL grobes Salz
2–3 Knoblauchzehen
2–3 fleischige Tomaten
75 g Basilikumblatt
25 g Petersilie
100 g Gruyère (o.Ä.)
75 ml Olivenöl

- Die Konsistenz wird durch die Tomaten flüssiger, der Geschmack frisch und fruchtig. In Südfrankreich ist Pistou beliebt als Würze zur Gemüsesuppe »Soupe au Pistou« – ähnlich wie die italienische Variante zur Minestrone. Auch Pistou wird nicht hoch erhitzt. Deshalb erst die Suppe servieren, dann die Würze im Teller zugeben.

## Pesto Misto

*mit Basilikum und Bärlauch*

50 g Pistazienkerne
grobes Salz
75 g Basilikumblatt
75 g Bärlauchblatt
50 g Parmesan
100 ml Olivenöl

- Der Favorit in puncto Haltbarkeit! Reines Bärlauchpesto hält sich sogar angebrochen bestens im Kühlschrank. Von der konservierenden Kraft der Zwiebelöle profitieren auch Mischungen. Pesto Misto ergänzt Pasta, Gemüsepfannen und Fischgerichte. Zu Fisch ersetze ich Basilikum auch gerne durch Estragon und Dill.

Pesto ist ein Konzentrat, das vor dem Servieren mit Olivenöl (rück)verdünnt wird. Für ein schnelles Dressing reicht es, einige frische Basilikumblätter in gutem Öl – oder in mildem Essig zu zerstoßen.

## Apfel-Basilikum-Gelee

*als süßer Fruchtaufstrich*

1 l klarer Apfelsaft
500 g Gelierzucker (2:1)
5 cl Zitronensaft
2 Bund (etwa 100 g) Basilikum,
Empfohlene Sorten: 'Genoveser'-Typen, Zitronen- oder Purpur-Basilikum.

- Apfelsaft auf ca. 60 °C erhitzen, Basilikum mit Stängeln grob schneiden und zum Saft geben. Apfel-Basilikum-Sud mit Deckel über Nacht an einem kühlen Ort ziehen lassen. Am anderen Tag durch ein Leinentuch seihen. Zucker zugeben, gut verrühren und aufkochen lassen. Zwischendurch abschäumen, Zitronensaft zugeben und zwei Minuten sprudelnd kochen lassen, dann in vorbereitete Weckgläschen füllen.

- Sollten Sie Basilikumblüten im Garten haben, eignen sich diese als Einlage für das Gelee - einfach einige Blüten vor dem Abfüllen in die Gläser legen.

Nicht nur für Pesto und Pasten – mit dem Königskraut Basilikum lassen sich viele Gerichte verfeinern. Überraschen Sie Familie und Freunde mit einem Basilikum-Menü! Die Rezepte sind für vier Personen, außerdem finden Sie zu jedem Rezept die empfohlenen Basilikum-Sorten.

# Rezepte mit Basilikum

## Basilikum-Ginger-Ale

*Cocktail mit Prosecco*

50 g Basilikumblätter
0,3 l Läuterzucker
0,5 l Ginger-Ale
10 Eiswürfel
Saft von 3 Zitronen
0,3 l Prosecco

Empfohlene Sorten: 'Genoveser'-Typen, 'Thai', 'Ararat'.

- Alle Zutaten fein mixen, passieren, in Gläser füllen und mit Prosecco auffüllen.

Tipp: Eine interessante Farb- und Geschmacksvariante entsteht, wenn Sie purpurblättrige Basilikum-Sorten verwenden (siehe Foto links). Alternativ zu Prosecco können Sie auch Apfelschorle verwenden.

## Schaumsuppe

*von Basilikum mit Garnelen*

100 g Zitronen-Basilikumblätter und -stängel
Salz
0,1 l fruchtiges Olivenöl
2 fein gewürfelte Schalotten
3–4 weiße Champignons, in Scheiben geschnitten
2 Lorbeerblätter
etwas Butter
0,1 l trockener Weißwein
0,1 l trockener Vermouth (Noilly Prat)
0,5 l Geflügel- oder Gemüsebrühe
100 g Sahne
50 g kalte Butterwürfel
Pfeffer aus der Mühle
einige Spritzer Zitronensaft

Empfohlene Sorten: alle zitronigen Typen und auch *Ocimum canum*.

- Basilikumblätter in kochendem Salzwasser kurz blanchieren und sofort eiskalt abschrecken, etwas ausdrücken und mit Salz sowie Öl sehr fein mixen.

- Schalotten, Champignons, Basilikumstängel sowie Lorbeer in Butter hell anschwitzen. Mit Wein und Vermouth ablöschen und die Flüssigkeit auf etwa die Hälfte einköcheln lassen. Brühe zugeben und alles einköcheln lassen. Sahne zugeben, einmal aufkochen und durch ein feines Sieb passieren.

- Die Suppe wieder erhitzen und mit Salz, Pfeffer und Zitronensaft abschmecken. Das Basilikumpüree und die kalte Butter zugeben und mit dem Zauberstab schaumig aufmixen. Die Suppe sofort servieren (sonst verliert sie die schöne grüne Farbe).

- Dazu passen sehr gut in Olivenöl gebratene Garnelen oder auch zarte Fischfilets.

## Geeiste Melonensuppe

*mit Buschbasilikum*

2 reife Cavaillon-Melonen
1/8 Wassermelone
Saft einer halben Zitrone
100 g Basilikumblätter

Empfohlene Sorten: alle Frucht-Typen, alle Kleinblättrigen.

- Die Cavaillon-Melonen quer halbieren, Kerne und Kerngehäuse sorgfältig mithilfe eines Löffels entfernen. Dann mit einem Kugelausstecher insgesamt 16 Kugeln ausstechen und kühl stellen. Das restliche Fruchtfleisch von der Schale schaben und ebenfalls kühl stellen.

- Die Schalen zum Anrichten der Suppe aufbewahren.

- Aus der Wassermelone ebenfalls 16 Kugeln ausstechen und kühl stellen. Das restliche Fruchtfleisch durch ein Sieb streichen und gemeinsam mit dem Fruchtfleisch der Cavaillon-Melone, einigen Basilikumblättchen sowie dem Zitronensaft fein pürieren, anschließend für etwa eine Stunde im Froster unter gelegentlichem Umrühren gut durchkühlen.

- Die Melonenkugeln auf die halbierten Melonenschalen verteilen, mit der geeisten Melonensuppe auffüllen und mit dem restlichen, sehr fein geschnittenen Basilikum dekorieren.

- Ein wunderbar erfrischender Auftakt für ein leichtes Sommermenü! Ein Gläschen Champagner dazu ist ein echter Hochgenuss.

## Schafkäsecreme

*mit Pfefferkraut*

150 g weicher, milder Schafskäse
150 g Crème fraîche
50 g Basilikum
1 Knoblauchzehe
2 EL Olivenöl
1 Prise Salz

Empfohlene Sorten: kräftige 'Genoveser'-Typen, 'Krim', 'African Green'/'African Blue', 'Green Pepper' oder 'Rotlaubige'.

- Wenn es schnell gehen soll, alle Zutaten mit dem Zauberstab verquirlen, bis die Masse cremig ist. Puristen vermengen zunächst Knoblauch, Basilikum, Salz und Öl im Mörser sowie Schafskäse und Crème fraîche in einem zweiten Gefäß. Dann beide Mischungen miteinander verrühren, bis eine Creme mit sämiger Konsistenz entsteht.

- Falls kein frisches Basilikum zur Hand ist, kann es durch Pesto ersetzt werden.

Tipp: Als Füllung in dünnen Blätterteigröllchen frittieren!

## Basilikum-Käse-Tarte

*(Rezept für 8 Personen)*

- 170 g Mehl
- 130 g weiche Butter
- etwas Wasser und Salz
- 200 g Zwiebeln, fein gewürfelt
- 0,15 l Milch
- 3 Eier
- 180 g geriebener Emmentaler bzw. gereifter Gouda
- 200 g Basilikumblätter, grob geschnitten
- Salz, Pfeffer aus der Mühle

Empfohlene Sorten: Zimt-Basilikum, ‘Genoveser’-Typen, »Thai-Basilikum«, ‘Krishna-Tulsi’.

● Aus 150 g Mehl, 100 g Butter, Wasser und Salz einen glatten Teig herstellen. Den Teig in Folie einschlagen und bei Zimmertemperatur ruhen lassen.

● Zwiebelwürfel in der restlichen Butter glasig dünsten, abkühlen lassen und mit dem übrigen Mehl sowie der Milch in einer Schüssel glatt rühren. Eier und geriebenen Käse zugeben, salzen und pfeffern und sorgfältig verrühren.

● Den Teig etwa 3 mm dünn ausrollen und eine Springform (26 cm) damit auslegen, dabei einen Rand von etwa 4 cm Höhe herstellen.

● Die Basilikumblätter gleichmäßig in der Form verteilen, mit der Käse-Milch-Masse auffüllen und im vorgeheizten Backofen (190 °C) für fünf Minuten anbacken. Danach die Hitze auf 140 °C reduzieren und weitere 20 bis 25 Minuten fertig backen.

● Die Tarte etwas abkühlen lassen und aus der Form nehmen. Dann nach Belieben in Stücke schneiden und noch warm mit marinierten Blattsalaten servieren.

Tipp: Klein geschnittene, getrocknete Tomaten in der Füllung harmonieren schön mit dem Basilikumaroma. Ein trockener Silvaner ist der ideale Begleiter.

Halten Sie bei Gerichten, die im Backofen zubereitet werden, immer einen Teil Basilikum zurück, den Sie frisch über die warmen Speisen streuen.

# Basilikum-Quark-Gnocchi

*perfekt zu Provence-Gemüse*

500 g Speisequark, über Nacht abgetropft
120 g Weizenmehl
1 Ei
2 Eigelb
Salz, weißer Pfeffer
Muskatnuss
100 g Basilikum, fein geschnitten
2 EL Olivenöl
30 g Butter

Empfohlene Sorten: 'Krim', alle 'Genoveser'-Typen.

- Aus Quark, Mehl und Eiern einen glatten Teig herstellen. Mit Salz, Pfeffer und Muskat würzen. Sehr fein geschnittenes Basilikum zugeben.

- Abgedeckt zwei Stunden kühl stellen. Quarkteig auf bemehlter Fläche zu kleinen Rollen formen. Nocken abstechen und in siedendem Salzwasser garen, bis sie oben schwimmen. Auf einem Tuch abtropfen lassen. In Olivenöl-Butter-Mischung bei mittlerer Hitze kurz braten, heiß servieren.

## Basilikum-Risotto

*mit Hähnchen*

350 g Risottoreis (Vialone oder Arborio)
1 Zwiebel, fein gewürfelt
4 EL Olivenöl
etwas Butter
Salz, weißer Pfeffer
Muskatnuss
0,2 l trockener Weißwein
1,6 l heiße, kräftige Geflügel- oder Gemüsebrühe
1 Salatgurke
2 Tomaten, enthäutet und entkernt
50 g Basilikumblätter
0,1 l Sahne, geschlagen

Empfohlene Sorten: 'Krim', alle 'Genoveser'-Typen.

● Die Zwiebelwürfel in Olivenöl und Butter glasig schwitzen, Risottoreis zugeben und ebenfalls kurz anschwitzen. Mit Salz, Pfeffer und Muskatnuss würzen und mit dem Weißwein ablöschen. Vollständig einkochen lassen.

● Die Fleischbrühe in Etappen zum Risotto geben. Achten Sie darauf, dass es im Topf immer leicht köchelt, die Kochdauer beträgt etwa 20 Minuten. Der Reis nimmt die Brühe nach und nach auf und bekommt während des Garprozesses einen kräftigen Geschmack ebenso wie Glanz und Sämigkeit.

● Die Gurke schälen, entkernen und in Würfel bzw. Scheiben schneiden. Die Tomaten ebenfalls fein würfeln. Kurz bevor das Risotto gar ist, Gurke und Tomaten zugeben und kurz mitkochen.

● Die Basilikumblätter in sehr feine Streifen schneiden, gemeinsam mit der geschlagenen Sahne kurz vor dem Servieren zum Risotto geben. Nochmals abschmecken und auf vorgewärmten Tellern servieren.

Tipp: Wer es etwas opulenter mag, kann das Risotto mit frisch geriebenem Parmesan und Pinienkernen servieren. Besonders gut dazu passt auch eine knusprig gebratene Hähnchenbrust.

## Grünes Fischcurry

*mit Thai-Basilikum*

- Den Fisch in grobe, gleichmäßige Würfel schneiden, trocken tupfen und mit etwas Öl in einer beschichteten Pfanne bzw. im Wok kurz anbraten. Der Fisch sollte in der Mitte leicht roh bleiben. Anschließend herausnehmen und beiseite stellen.

- Im restlichen Öl den Knoblauch kurz anschwitzen, dann das geschnittene Gemüse zugeben, kräftig mit Salz und Pfeffer würzen und bei mittlerer Hitze kurz garen. Herausnehmen und beiseite stellen. Kokosmilch, klein geschnittenes Zitronengras, Basilikumstängel sowie die Currypaste in die Pfanne oder den Wok geben und etwa fünf Minuten einköcheln lassen, anschließend durch ein feines Sieb passieren.

- Den Fisch salzen und zusammen mit dem Gemüse in der Kokos-Curry-Brühe nochmals für einen kurzen Moment aufkochen und abschmecken. Zum Schluss fein geschnittenes Thai-Basilikum zugeben und in einer vorgewärmten Schale servieren.

Tipp: Dazu passt frisch gekochter Basmatireis. Sie können statt der grünen auch gelbe oder rote Currypaste verwenden. Wer es ganz scharf mag, röstet eine geschnittene Chilischote zusammen mit dem Knoblauch an.

800 g weißes Fischfilet (Zander, Kabeljau, Seeteufel) ohne Haut und Gräten
5 EL neutrales Pflanzenöl
1 Knoblauchzehe, in Scheiben geschnitten
200 g Gemüse (Möhre, Zuckerschote, Zucchini, Kohlrabi), fein geschnitten
Salz, Pfeffer aus der Mühle
0,25 l Kokosmilch
1 Stange Zitronengras
50 g Thai-Basilikumblätter und -stängel
15 g grüne Currypaste (Asia-Shop)

Weitere empfohlene Sorten:
'Siam Queen', 'Ararat', Anis-Basilikum, 'Magical Michael', alle 'Genoveser'-Typen.

Auch einige Spritzer Sesamöl ganz zum Schluss bekommen diesem einfachen Gericht sehr gut.

## Basilikum-Eisparfait

*kühler Sommergenuss*

1 Vanilleschote, ausgekratzt
5 Eigelb
125 g Zucker
50 g Basilikumblätter
500 g Sahne

Empfohlene Sorten: Zypriotisches Strauchbasilikum, 'Krim', »Thai-Basilikum«, 'Sweet Dani'.

- Das Mark der Vanilleschote mit Eigelb und Zucker über Dampf schaumig schlagen, anschließend in einem kalten Wasserbad unter Rühren kalt werden lassen.

- Danach das sehr fein geschnittene Basilikum gut unterrühren. Die Sahne steif schlagen, vorsichtig unter die kalte Eigelb-Zucker-Masse heben, in eine Kastenform füllen und für mindestens acht Stunden einfrieren.

Tipp: Dazu passt, je nach Jahreszeit, ein Kompott aus Rhabarber, frischen Beeren, Aprikosen oder Pflaumen.

## Basilikum-Macchiato

*lecker zu Wildkräutersalat*

800 g Naturjoghurt
Saft von 1 ½ Zitronen
5 zerstoßene Eiswürfel
1 TL Salz
Pfeffer
100 g Basilikum
50 ml fruchtiges Olivenöl
etwas Mineralwasser

Empfohlene Sorten: 'Feines Grünes', 'Limone', 'Yiotis', 'Krim' und alle roten Sorten für eine Purpur-Macchiato-Variante

● Die Hälfte des Joghurts mit dem Saft einer Zitrone und dem Eis mixen, salzen und pfeffern. Den übrigen Joghurt mit den gezupften Basilikumblättern, dem Olivenöl, dem restlichen Zitronensaft und dem Mineralwasser fein mixen. Weißen und grünen Joghurtschaum schichtweise in Gläser einfüllen und mit Basilikum garnieren. Kalt genießen.

Tipp: Dazu passt ausgezeichnet ein kleiner Wildkräutersalat mit Olivenöl-Himbeeer-Vinaigrette.

## Bezugsquellen

### Wo bekomme ich Basilikum?

Kräuter sind in aller Munde – und so stehen sie auch in vielen Regalen: ob Premium-Gartencenter oder Billig-Discounter – im Frühling locken überall üppige Kräutertöpfe.
Viele staudige Kräuter wie Thymian, Salbei und Rosmarin kommen aus Italien. Finden Sie selbst heraus, wie ihnen der Klimawechel bekommt.
Bei Basilikum gibt es im »normalen« Handel kaum Alternativen zu den mit durchsichtigen Folien gestützten Exemplaren. Deren Sinn und Zweck haben wir eingangs zu erklären versucht. Gut sortierte Gemüsegärtner auf Wochenmärkten und Spezialitätenbetriebe auf Pflanzenmärkten bieten eine breite Auswahl an Basilikumsorten von Mai bis September.
Echte Raritäten finden Sie allerdings am leichtesten im Internet per Versandhandel, oft aus Bio-Anbau.
Das Know-how des Pflanzenversendens per Postpaket ist in den letzten 10 Jahren deutlich gewachsen: 99 % der Pflanzen kommen heil an! 1 bis 2 Wochen Wartezeit sind allerdings einzukalkulieren: Basilikum und andere Kräuter stehen nicht im automatischen Hochregallager.

### Wie erkenne ich Qualität?

Kompakter Wuchs, satte Farbe, stabile Stängel und ein ausreichend großer Topf sind Qualitätsmerkmale. Achten Sie auf gesundes Laub ohne Pilzbefall und Blattläuse sowie gesunde Stiele: Die Basis sollte fest und stabil sein, bei mehrjährigen Sorten verholzt der Stängelgrund mitunter früh und wird braun. Festes braunes Gewebe ist gesund, weiche braune Stängel leiden an Vorboten der Welkekrankheit.
Saatgut-Qualität ist ohne Keimtest für Laien nicht erkennbar. Samenkauf ist also Vertrauenssache.

### Überwinterung

Vereinzelt bieten Gärtnereien einen Überwinterungsservice in ihren geheizten Gewächshäusern an, inklusive An- und Abtransport.
Achten Sie hierbei darauf, dass nur kontrolliert-biologische Pflanzenbehandlungsmittel zum Einsatz kommen.

### Saatgut

Grüner Tiger / kokopelli
Pfarräckerstr. 13
90522 Oberasbach
www.gruenertiger.de
(Saatgut alter Kulturpflanzen überwiegend biologisches Angebot)

Dreschflegel
Postfach 1213
37202 Witzenhausen
www.dreschflegel-saatgut.de
(Bio-Saatgut aus gärtnerischer Vermehrung für Hausgärten)

### Pflanzgut (z. T. auch Saatgut)

Ulla Hasbach
Westscheider Straße 11
24860 Klappholz-Westscheide
www.kraeuter-hasbach.de
(Kräuter für Küche und Garten)

Kräuter Simon
Strengweg 1
25842 Langenhorn-Efkebüll
www.kraeuter-simon.de
(Kräuter, Bücher, Seminare)

Rühlemanns
Auf dem Berg 2
27367 Horstedt
www.ruehlemanns.de
(Besonders große Auswahl an Kräutern und Duftpflanzen)

Kräuterei
Silvia Heinrich
Alexanderstr. 29
26121 Oldenburg
www.kraeuterei.de
(Kräuter, Duftgeranien)

herb's Bioland-Gärtnerei
Herbert Vinken
Stedinger Weg 16
27801 Dötlingen-Nuttel
www.herb-s.de
(Kräuter, Kübelsalbei, Picknick)

Christian Herb
Heiligkreuzer Str. 70
87439 Kempten
www.bio-kraeuter.de
(Kräuter, Tomaten)

artemisia
Erwin Heger
Vorderer Moosweg 1
79350 Sexau
www.artemisiagarten.de
(Kräuter, Räucherwaren, Floristik)

Die Blumenschule
Rainer Engler & Sabine Friesch
Augsburger Str. 62
86956 Schongau
www.blumenschule.de
(Kräuter und Stauden, Kurse)

Staudengärtnerei Gaissmayer
Jungviehweide 3
89257 Illertissen
www.staudengaissmayer.de
(Kräuter, Stauden, Erlebnisgarten)

Raritätengärtnerei Treml
Eckerstr. 32
93471 Arnbruck
www.pflanzentreml.de
(Breites, ausgefallenes Sortiment)

### Erden & Mulchmaterialien

Ingrid Reinkemeyer GmbH
Esserner Str. 19
31603 Diepenau
www.torffrau.de
(Ingrina - kein Direktverkauf)

### Dünger, Pflanzenschutz

Waschbär - Der Umweltversand
Wöhlerstr. 4
79108 Freiburg
www.waschbaer.de

Bioplant Naturverfahren
Carl-Benz-Str. 4
78467 Konstanz
www.biplantol.de
(Homöopathische Stärkungsmittel)

### Gewächshauser, Tomatenzelte

Kuno Krieger
Gahlenfeldstr. 5
58313 Herdecke
www.kriegergmbh.de

## Literatur-Empfehlungen

Peter Bauwens: Basilicum
terra lannoo bv, Niederlande, 2006

Andrew Chevallier: Die BLV-Enzyklopädie der Heilpflanzen
BLV-Buchverlag, 1998

Ralf Hiener, Olaf Schnelle: Wildkräuter
Hädecke-Verlag, Weil der Stadt, 2005

Marie-Luise Kreuter: Kräuter-Spezialitäten
BLV-Buchverlag, München, 2007

Herbert Vinken: Im Kräutergarten
Ellert & Richter Verlag, Hamburg, 2008

### web-links

www.india-organic.com

### Pflanzenmaerkte / Termine

www.gruener-anzeiger.de
www.gartenlinksammlung.de

## Stichwortverzeichnis

Seitenzahlen mit * veweisen auf Abbildungen

---

Alle Fotos von Margarete Janssen, außer:

akg-images: 8
FoodPhotography Eising/Stockfood: 9
Vinken: 6, 17, 58, 61, 64, 66, 68, 69
Weiss: 10

**Danksagung**
Herzlich bedanken möchten sich Autor und Verlag für die köstlichen Rezepte, die von Ralf Hiener erdacht, erprobt und zu Papier gebracht wurden. Ralf Hiener lebt und arbeitet an der Ostsee und gehört zu den erfahrensten Kräuterköchen des Landes. Zusammen mit dem Permakultur-Gärtner Olaf Schnelle bebaut und betreibt er die ESSBARE LANDSCHAFTEN GmbH, einen Versandhandel für frische Wildkräuter und deren Veredlungsprodukte aus eigener Manufaktur. Näheres unter www.essbare-landschaften.de.

Bibliographische Information
Der Deutschen Bibliothek

Die Deutsche Bibliothek verzeichnet diese Publikation in der Deutschen Nationalbibliografie; detaillierte bibliografische Daten sind im Internet über http://dnb.ddb.de abrufbar.

BLV Buchverlag GmbH & Co. KG
80797 München



Umschlaggestaltung:
Anja Masuch, Fürstenfeldbruck

Umschlagfotos: Margarete Janssen

Layoutkonzept Innenteil: Sabine Fuchs, fuchs_design, München

Lektorat: Dr. Thomas Hagen, Ruth Wiebusch
Herstellung: Hermann Maxant

Satz: Uhl & Massopust, Aalen

Gedruckt auf chlorfrei gebleichtem Papier

Printed in Germany ·
ISBN 978-3-8354-0281-2

# Eine kleine Auswahl aus unserem großen Programm

Gerda Tornieporth
**Hildegard von Bingen.**
**Das Gartenbuch**
Grundlagen der Hildegard-Medizin, Porträts der 44 wichtigsten Hildegard-Heilkräuter, Anbau im Garten, Verwendung als Hausmittel, Anlage eines eigenen Hildegard-Gartens.
*ISBN 978-3-8354-0276-8*

Ute Bauer
**Die besten Kräuter**
**für Beete und Töpfe**
Das attraktive Kräuterbuch für Einsteiger: die beliebtesten Kräutergruppen im Porträt – von Petersilie, Kerbel, Borretsch & Co. bis zu mediterranen und asiatischen Kräutern – jeweils mit Expertentipps zur Pflegepraxis .
*ISBN 978-3-8354-0277-5*

Dorothea und Peter Baumjohann
**Der BLV Pflanzen-Doktor**
Speziell auf die jeweils erkrankte Pflanzenart im Gemüse-, Obst- und Ziergarten abgestimmt: Krankheiten und Schädlinge erkennen und bekämpfen mit biologischen, chemischen und physikalischen Maßnahmen.
*ISBN 978-3-8354-0351-2*

Herbert Vinken
**Basilikum –**
**der Geschmack des Südens**
Für Kräutergärtner und Hobbyköche: die 30 wichtigsten Duft- und Würzsorten: Anbau, Ernte und Verwendung; leckere Rezepte – von Basilikum-Käsetarte über das klassische Pesto bis zum Basilikum-Eisparfait.
*ISBN 978-3-8354-0281-2*

Olaf Schulz
**Deutschlands schönste**
**Klostergärten**
Die 35 beliebtesten Anlagen in ganz Deutschland – erstmals komplett in einem Bildband zusammengestellt; die schönsten Klostergartenpflanzen und Praxistipps der Klostergärtner.
*ISBN 978-3-8354-0226-3*

Marie-Luise Kreuter
**Der Biogarten**
Das unentbehrliche Standardwerk zum naturgemäßen Gärtnern; einzigartiges Know-how von Deutschlands bekanntester Biogärtnerin; das im Handel erhältliche Pflanzensortiment; mit Beilage »Pflanzenschutz-Kompass«.
*ISBN 978-3-8354-0198-3*

Helga Gropper
**Gartenpläne für Einsteiger**
Gärten anlegen oder umgestalten: perspektivische Zeichnungen und Aufsichtspläne mit fertigen Lösungen; viele konkrete Vorschläge für Reihen-, Doppelhaus- und Innenhofgärten.
*ISBN 978-3-8354-0327-7*

Thomas Hagen/Ursel Borstell
**Welche Pflanze passt wohin?**
Praxisgerecht und übersichtlich präsentiert – die besten Pflanzen für verschiedene Verwendungszwecke: Frühjahrs- oder Herbstblüher, Pflanzen für den Bauern- oder formalen Garten, für Standorte unter Gehölzen oder am Wasser usw.; mit Pflegetipps.
*ISBN 978-3-8354-0332-1*

**Die zuverlässigen Berater**

**BLV Bücher bieten mehr:**

- mehr Wissen
- mehr Erfahrung
- mehr Innovation
- mehr Praxisnutzen
- mehr Qualität

Denn 60 Jahre Ratgeberkompetenz sind nicht zu schlagen!

Unser Buchprogramm umfasst über 750 Titel zu den Themen

**Garten · Natur · Heimtiere · Jagd · Angeln · Sport · Golf · Reiten · Alpinismus · Fitness · Gesundheit · Kochen.**

Ausführliche Informationen erhalten Sie unter **www.blv.de**

Dass Sie sich gut beraten fühlen – das ist unser Ziel. Falls Sie Fragen und/oder Anregungen haben, schreiben Sie uns bitte:

**BLV Buchverlag GmbH & Co. KG**
Lektorat · Lothstraße 19
80797 München
Postfach 40 02 20
80702 München
Telefon 089/12 02 12-0 · Fax -121
E-mail: blv.verlag@blv.de

blv

**MEHR ERLESEN!**